„Die Gesundheit genießt mit"

BioKöstlich

KOCHEN & BACKEN

„Die Gesundheit genießt mit"

BioKöstlich

KOCHEN & BACKEN

KÖHNEN ALTERNATIV

Inhalt: BioKöstlich

Friederun Köhnen

„Die Gesundheit genießt mit“

Unter diesem Motto gestalten meine Mitarbeiter und ich die Buchserie KÖHNEN-ALTERNATIV. Meine Grundidee: Immer mehr Menschen, auch ich selbst, versuchen, sich gesünder zu ernähren, ohne dabei auf Genuß und appetitliches Anrichten verzichten zu wollen. Es kommt nicht so sehr auf teure Zutaten, sondern mehr auf gute Ideen und liebevolle Zubereitung an.

Lassen Sie Ihrer Freude am Kochen und Backen und Ihrer Kreativität freien Lauf. In meiner Versuchsküche wurden für dieses Buch unzählige Ideen und Anregungen in der Natur und im täglichen Leben gesammelt und praktisch erprobt. Die besten Ideen und Rezepte haben wir gleich an Ort und Stelle fotografiert.

Meine Bücher sind aber nicht nur schöne „Fotobände“, sondern auch praktische Handbücher für Ihre Küche.

Jedes Rezept ist übersichtlich und auf einen Blick zu lesen. Ohne lästiges Umblättern.

DIE KÖHNEN GARANTIE

Wir sind der Kochbuchverlag mit eigener, neutraler und unabhängiger Versuchsküche. Jedes KÖHNEN-Rezept wird unter häuslichen Bedingungen mehrmals geprüft und erprobt.

KÖHNEN garantiert:
Die KÖHNEN-Rezepte und die KÖHNEN-Ideen gelingen immer. Auf Anhieb.
Wir fotografieren alles selbst. Im eigenen Atelier. Fotos, die verführen, zu Rezepten, die funktionieren.

KÖHNEN garantiert:
So wie im Buch abgebildet, können Sie es selbst auch.
Wir drucken und verarbeiten unsere Bücher selbst.

KÖHNEN garantiert:
Alle KÖHNEN-Bücher sind küchengerecht ausgerüstet, „für's Leben“ verarbeitet und Seite für Seite in der Praxis getestet.
Ihre Freude am Kochen ist unser Ziel.

Alle Köhnen-Bücher sind in bester Qualität verarbeitet, um eine lange und erfolgreiche Partnerschaft zu garantieren.

Ich verspreche Ihnen viel Freude und ein gutes Gelingen mit diesem Köhnen-Buch.

Friederun Köhnen

ISBN 3-924822-41-7

1. Auflage 1985

Kochen&Backen

Sommer

Herbst

Winter

Rezepte, Ideen, Foodstyling:
Friederun Köhnen, Christa Schraa, Zwantje Wadehn,
Gisela Zietlow, Ursula Rump, Erwin van de Kerkhoff

Fotos:
Dietmar Frege, Ludger Rose,
Carola Frege

Redaktionelle Beratung und Gestaltung:
FAB Günther Fannei GmbH, Berlin

Gesamtherstellung:
Busche Verlagsgesellschaft mbH, Dortmund

Printed in West-Germany

Wer über die Wochenmärkte schlendert und sich an der Vielfalt von Käse, Fleisch und Gemüse sattgesehen hat, wird inzwischen kaum noch verwundert sein, daß sich da auch Stände ausbreiten, die nur vermeintlich Neues anbieten: die ganze Vielfalt der Wildgemüse und der Wildkräuter, der Körner und Beeren — einheimische wie auch exotische.

Es ist eben nur vermeintlich neu. Die Verwendung dieser Gemüse und Kräuter war uns einst geläufig. In den Küchen und auch Arzneischränkchen unserer Großmütter hatten sie ihren festen Platz. Dann aber verschwanden sie mit steigendem Wohlstand von unserer Speisekarte. Statt dessen wurde es Mode, alles kaufen zu können: aus aller Welt, zu allen Jahreszeiten. Nichts war unmöglich zu bekommen, makellose Ware dazu, satte Farben, Prachtexemplare in allen Schattierungen und zu teuren Preisen. Möglich machten es immer perfekter ausgebaute Transportwege, immer größere Treibhausanlagen, immer weiterentwickelte Züchtungen und immer schonungsloser angewandte Chemie. Der Trend ging hin zu weniger Abfall, zu geringstem Anteil an Ballaststoffen, zur Verfeinerung der Zellstrukturen, die gleichzeitig eine Verfeinerung des Genusses bringen sollte. Diese Verfeinerung erwies sich bald als gefährliche Falle, und Zivilisationskrankheiten bedrohen uns seitdem im steigenden Maße, allen voran das Schreckgespenst Krebs.

Da nimmt es nicht Wunder, daß man sich wieder besinnt auf frühere Ernährungsweisen und feststellt, daß das natürlich Gewachsene, das Wildkraut am Wegesrand, das unbehandelte Gemüse, die nicht geschälten Körner weitaus reicher an lebenswichtigen Stoffen sind als alle kunstvollen Züchtungen. Der Kreis der Menschen, die sich bewußter ernähren, sich gesünder verhalten, wird immer größer. Bio-Läden entstehen überall neben der längst bekannten und vertrauten Reformkost; die Idee des Natürlichen, Unverfälschten überträgt sich inzwischen auch auf alle übrigen Lebensbereiche: es gibt nun auch die Bio-Wäsche, die Bio-Schuhe, ja sogar den „Bio-Ingenieur", der unsere Wohnräume auf „schädliche" Einflüsse von Elektrizität usw. hin untersucht. Die Propheten des Trends der Rückkehr zur Natur haben denn auch ihre fanatischen Anhänger, die aussteigen aus der normalen Konsumszene und für sich ein alternatives Lebensprogramm entwickeln, das mit einer totalen Umstellung der Ernährung beginnt.

Das ist nun aber durchaus nicht für jeden Haushalt, für jede Familie so einfach durchführbar. Oft ist wohl der Wunsch da, etwas mehr für die Gesundheit zu tun, ohne jedoch gleich radikal auf liebgewordene Genüsse verzichten zu müssen.

Mit diesem Buch wollen wir dem Rechnung tragen und einen Kompromiß zwischen dem einen und dem anderen Extrem der Ernährungsweise anbieten

Was ist „BioKöstlich"?

Die Köhnen-BioKost soll keine alternative Diät sein. Es ist eine Kost, die sich wieder auf natürliche Produkte besinnt, ohne die angestammten Verzehrungsgewohnheiten und Geschmackserlebnisse außer acht zu lassen. Dabei sollen Fleisch, aber auch Fisch weitgehend zurückgenommen oder, wenn sie Bestandteile eines Gerichtes sind, in gekochter oder gegrillter Zubereitungsweise verwendet werden. Auch werden möglichst fettarme und zarte Fleisch- und Fischsorten genommen. Immer in Verbindung mit Gemüsen, Salaten, Saucen und Getreideprodukten, wie z.B.: Kalbfleischklößchen mit Melissesauce in Naturreis-Rand und gefüllte, überbackene Wiesenchampignons — Hirseeintopf mit vielen bunten Gemüsen und Rindfleisch, Wildgemüse-Omeletts usw. Auch wird hier Salz etwas reduziert und mehr Gewürze und Kräuter werden eingesetzt. Alle Produkte, die durch starke Behandlung veredelt wurden, werden wieder als Naturprodukte genommen: so kann weißes Mehl durch Roggen- oder Vollkornmehl, weiße Nudeln durch Vollkornnudeln, polierter Reis durch Naturreis ersetzt werden.

Es wird sowohl mit Getreiden, Gemüsen, Obst und Früchten von unseren Märkten als auch denen aus der Natur gearbeitet. Dadurch werden der Nahrung die wichtigsten Ballaststoffe, Vitamine und Mineralien in erhöhtem Maße zugeführt. Da diese Naturprodukte weder tiefgekühlt noch konserviert oder von weit her importiert sein können, richtet sich dieses Kochbuch nach den Jahreszeiten. Damit kann man seine Ernährung dem Wechsel und dem Angebot der Natur anpassen.

Wenn nicht anders angegeben, sind alle Rezepte für 4 Personen berechnet. Kilokalorien- und Kilojoule-Angaben sind Circa-Werte pro Portion. Bei Backwaren sind Gesamt-Kilo-Kalorien bzw. Gesamt-Kilojoule angegeben.

Stuben-küken
Minze
Giersch
Holland
Wegerich
Knoblauch-Rauke
Teltower

Marktbummel im Frühling

Der Marktbummel im Frühling

Frühling

20. März – 20. Juni

Zwar können wir Gemüse-, Obst- und Fleischsorten zu jeder Jahreszeit aus aller Welt kaufen. Die Grenzen zum natürlichen Marktangebot der Jahreszeiten verwischen, doch hat dieser Vorteil auch hohe Preise. Deshalb wollen wir uns wieder auf die Schätze besinnen, die unser Markt im Ablauf des Jahres anbietet. Wir können dabei nicht außer acht lassen, daß mit „unserem" Markt im weitesten Sinne der europäische Markt gemeint ist, denn aus ökonomischen Gründen wird nicht mehr alles in unserem Land angebaut, und die Preise haben sich angeglichen.

Im Frühjahr finden wir eine Vielfalt zarter Gemüse. Dazu die ersten Kartoffeln, verschiedene Freiland-Salate, Gurken und auch schon kultivierten Sauerampfer und Löwenzahn.

Obst wächst vorerst noch nicht in ganzer Vielfalt, doch geben Rhabarber, Erdbeeren und Frühäpfel Anreiz für Auge und Gaumen.

Gehen wir weiter zu den Fleischständen; hier bietet sich uns zartes Lammfleisch, deftigeres Hammelfleisch und zum üblichen Kalb- und Rindfleischangebot auch Geflügel wie Stuben-

Blumenkohl

Ab Mai und Juni wird heimischer Blumenkohl angeboten. Seine gute Qualität läßt sich am festen, möglichst dicht geschlossenen Blütenstand und den fleckenlosen Röschen beurteilen. Um Vitamin-C zu bewahren, empfiehlt es sich, Blumenkohl nur kurz und schonend zu garen oder zu Salaten roh zu verwenden.

Bohnen

In der 2. Hälfte des Frühlings kommen die ersten zarten grünen Bohnen auf den Markt. Sie sind nur kurz lagerungsfähig. Sie haben nur geringe Garzeiten und sind ein eiweißreiches und mineralstoffhaltiges Gemüse.

Champignons

Champignons selbst zu suchen, kann man nur einem Pilzkenner raten. Die auf dem Markt angebotenen Sorten wie weißköpfige, rosablättrige und Wiesenchampignons werden fast ausnahmslos gezüchtet und sind das ganze Jahr über preiswert zu erhalten.

Erdbeere

Die reichhaltigen Heil- und Wirkstoffe dieser köstlichen Beere sind noch nicht alle erforscht. Man kann Erdbeeren bei Nierenerkrankungen, bei Blutarmut, bei Nervenentzündungen oder Darmerkrankungen einsetzen.

Forelle Lachsforelle

Regenbogen-, Bach-, Stein- und Lachsforellen werden als Speisefische hoch geschätzt. Sie sind zart im Fleisch, leicht verdaulich und in der Küche vielseitig verwendbar.

Frühlingszwiebeln

Frisch und herzhaft im Geschmack werden sie als weiße Stangen mit dunkelgrünem Lauch im Frühjahr angeboten. Ihr Gehalt an natürlichen Antibiotika und Vitaminen ist beachtlich.

Gurken

Freilandgurken sind erst im Juli zu ernten, doch macht die problemlose Züchtung im Glashaus oder Glaskastenbeet die Gurke das ganze Jahr über verfügbar. Ihr Gehalt an Vitaminen, Nährsalzen und insulinartigen Stoffen macht die reife Gurke in der Heilkunde und auch in der Kosmetik beliebt.

Kohlrabi

Die hellgrüne oder blaurote Sproßknolle erscheint ganzjährig mit Spitzenzeiten im Frühjahr und im Herbst. In Rohkostsalaten oder als Gemüse verwendet ist sie wertvoll durch ihren Gehalt an Mineralstoffen, Vitaminen und Eiweißen.

Kopfsalat

Wenn wir diesen Salat verwenden wollen, sollten wir warten, bis es den Freilandsalat gibt, denn all die mineralogischen Spurenelemente und die beruhigende und harntreibende Wirkung hat der Treibhaussalat verloren.

Lamm/Hammel

Zu Ostern darf das Lammfleisch nicht fehlen, zart und wohlschmeckend, von Tieren, die nicht älter als neun Monate sein dürfen, um noch Lamm genannt zu werden. Vielfach kommt Lamm- und auch Hammelfleisch aus Argentinien und Neuseeland günstig auf den Markt, doch ist sein Geschmack längst nicht so würzig wie das hiesiger Tiere.

Perlhuhn

Eine außerordentliche Delikatesse ist eine klare Brühe aus Fleisch und Knochen von Perlhühnern. Es ist eine Haushuhnart und wird nicht sehr oft angeboten, doch findet man es frisch manchmal an den Geflügelständen der Wochenmärkte.

Porree

Obwohl mit Zwiebel und Knoblauch verwandt, entbehrt der Porree doch der besonderen Schärfe, ist der mildeste unter seinen Verwandten und schmeckt vorzüglich roh wie gekocht. Dabei ist er auch noch aufgrund seines Vitamin A-, B- und C-Gehaltes ein hervorragendes Mittel zur Blutreinigung und zur Bekämpfung der Frühjahrsmüdigkeit.

Radieschen/Rettich

Ihres hohen Wassergehaltes und sehr lockerer Zellstruktur wegen eignen sich die Radieschen nicht zum Kochen wie etwa die kleinen weißen Rettiche, wohl aber dürfen sie im Bereich der Salatzubereitung mit ihrer herzhaften, kresseartigen Schärfe nicht fehlen. Dank der Senfölverbindungen, Mineralstoffe und Vitamine besitzen sie sogar heilfördernde Wirkungen besonders für die Galle.

Rhabarber

Die Stengel des Rhabarber können im Frühjahr und im Herbst geerntet werden. Die hohe Säure des Rhabarbersaftes enthält ein Heilelement, das – anders als andere Obstsäfte – mit ihren Säuren die Zähne nicht angreift, sondern schützt.

Rotzunge

Dieser Plattfisch ist nicht so bekannt wie die Scholle oder die Seezunge, hat ein wohlschmeckendes, weißes Fleisch und wird fast ausnahmslos als Frischfisch angeboten.

Scholle

Im ganz jungen Stadium, bevor sie zu Bodenfischen werden, haben die Schollen ihre Augen noch zu beiden Seiten des

Gemüse	Obst Früchte	Fisch	Schlachtfleisch Geflügel Wild
Blumenkohl	Ananas	Forelle	außer dem üblichen Schlachtfleisch:
Bohnen	Äpfel	Goldbarsch	Hähnchen
Champignons	Aprikosen	Kabeljau	Hammel
Eissalat	Bananen	Lachs	Lamm
Feldsalat	Birnen	Lachsforelle	Perlhuhn
Frühlingszwiebeln	Erdbeeren	Rotbarsch	Poularde
Gurken	Grapefruit	Rotzunge	Stubenküken
Karotten	Kirschen	Schellfisch	Suppenhuhn
Kartoffeln	Melonen	Scholle	Taube
Kohlrabi	Orangen	Seezunge	Wildente
Kopfsalat	Pfirsiche		
Porree	Rhabarber		
Radieschen/Rettich			
Sellerie			
Spinat			
Teltower Rübchen			
Tomaten			
Zuckererbsen			

Kopfes, dann wandert ein Auge auf die Oberseite, die sich dunkel färbt, und die Blindseite wird weiß. Im Mai ist dieser Prozeß schon abgeschlossen, dann ist die Scholle am schmackhaftesten.

Seezunge

Seezungen gehören wie Scholle und Rotzunge zur Familie der Plattfische mit den Merkmalen: dunkle Augenseite, helle Blindseite. Sie sind etwas kleiner als die Rotzungen und zählen zu den edelsten Seefischarten. Man wird die Seezunge selten tiefgekühlt finden, sie wird fast ausnahmslos frisch angeboten.

Spinat

Dieses raschwachsende Blattgemüse mit seinem hohen Vitamin-C- und seinem Eisengehalt ist je nach Aussaat fast das ganze Jahr über erhältlich. Im Frühjahr eignen sich die jungen, kleinen Blätter zu frischen Salaten, während die kräftigeren ein Gemüse abgeben.

Stubenküken Hähnchen Poularde Suppenhuhn

Stubenküken sind etwa 3 Wochen alt und wiegen bratfertig etwa 250-350 g. Hähnchen sind 6-7 Wochen alt mit einem Gewicht von 700-1150 g, Poularden – auch Junghühner – 8 Wochen mit mehr als 1150 g und Suppenhühner mehr als ein Jahr und wiegen über 1500 g. Letztere sind nur zum Kochen zu verwenden.

Taube

Man sollte darauf achten, daß man junge, zarte Tiere bekommt; man erkennt sie an ihrem noch sehr weißen Fleisch. Alte Tauben, die man für eine hervorragende Suppe gebrauchen kann, haben rotes, dunkles Fleisch.

Teltower Rübchen

Diese Speiserübe erfreut uns im Frühjahr als Bereicherung unseres Speiseplanes und hat ähnliche Werte für unsere Gesundheit wie der Rettich.

Zuckererbsen

Durch den hohen Gehalt an Eiweiß und Kohlehydraten zählen die Hülsenfrüchte zu den nährstoffreichsten Gemüsen. Die Zuckererbse, die noch unreif geerntet wird, erreicht zwar nicht den vollen Gehalt einer ausgereiften Erbse, doch läßt sich bei dieser besonderen Züchtung die Schale mitessen.

küken, junge Enten, Poularden, Hähnchen und Tauben.

Am Fischstand hat der Matjes — die Jungfrau der Heringe — Saison. Doch interessieren uns eher die fettärmeren Sorten: Seezunge, Kabeljau, Rotbarsch, Seelachs, Scholle und Forelle. Für besondere Anlässe auch einmal ein echter Lachs.

Fehlt uns zur Ergänzung noch die Palette der Milchprodukte wie Schichtkäse, Quark und Frischkäse, Buttermilch, Joghurt, Kefir, saure Sahne und die gereiften Käsesorten der verschiedenen Gegenden nicht nur unseres Landes, sondern auch der traditionellen Käseländer Frankreich und Holland.

Das Frühlingsmenü

Taubenkraftbrühe Printemps

2 Tauben (von Ihrem Händler küchenfertig ausgenommen),
1 Bund Suppengrün: Porree, Sellerie, Möhre, Petersilienwurzel oder -stengel,
Salz,
20 g Graupen,
80 g Spargel,
80 g Möhren,
50 g Erbsen,
1 Eßlöffel Sherry

1 Tauben gründlich waschen und mit Suppengrün und Salz in 2 l Wasser aufkochen lassen.

2 Die Hitze reduzieren, Brühe öfter mit einer Schaumkelle abschäumen und langsam 3–4 Stunden ziehen lassen, bis die Flüssigkeit auf etwa die Hälfte eingekocht ist.

3 Brühe durch ein Tuch gießen, Brust- und Keulenfleisch der Tauben absuchen und kleinschneiden.

4 Graupen kurz trocken anrösten und mit der Taubenbrühe auffüllen.

5 Spargel und Möhren schälen, Spargel in Stücke, Möhren in Streifen schneiden und zusammen mit den Erbsen und Graupen ca. 15 Minuten in der Brühe garen.

6 Vor dem Servieren das Taubenfleisch in die Kraftbrühe geben und mit etwas Sherry abschmecken.

61 kcal *253 kJ*

Chicoree-Salat-Bukett

2 Chicoree,
2 große Äpfel,
4 kleine Tomaten,
1 Bund Radieschen,
1 kleine Dose Mais,
2 rote Zwiebeln,
1 Becher Kefir,
20 g Tomatenmark,
1 Eßlöffel Walnußöl,
Saft einer Zitrone,
Zitronenpfeffer,
Zucker, Salz

1 Chicoree, Äpfel, Tomaten und Radieschen waschen und abtropfen lassen.

2 Blätter des Chicoree einzeln abbrechen und eine Salatschüssel damit auslegen.

3 Äpfel vom Kerngehäuse, Tomaten vom Stielansatz befreien und in Achtel schneiden.

4 Radieschen putzen, Mais abtropfen lassen, zusammen mit Tomaten und Äpfeln zu den Chicoreeblättern geben.

5 Zwiebeln abziehen, in feine Ringe schneiden und über den Salat verteilen.

6 Für die Salatsauce Kefir mit Tomatenmark, Walnußöl und dem Saft einer Zitrone verrühren, kräftig mit Zitronenpfeffer, Zucker, etwas sparsamer mit Salz würzen und über das Salat-Bukett gießen.

220 kcal *920 kJ*

Gefüllte Lammschulter auf Gärtnerinnenart mit Minzsauce und wildem Reis

100 g Hirse,
1 Bund Kräuter (Majoran, Thymian, Bohnenkraut, Schnittlauch, Petersilie, 1 Blatt Salbei),
1 Zwiebel,
2 Knoblauchzehen,
1 Eßlöffel bunte Pfefferkörner,
500 g Gehacktes,
Salz, Muskat,
1 Lammschulter (von Ihrem Händler entbeint),
2 Eßlöffel Öl,
Pfeffer,
1/4 Liter Wein (Rosé),
8 kleine Möhren,
8 kleine Rettiche,
3 Bund Frühlingszwiebeln (mindestens aber 16 Stück),
500 g Zuckererbsenschoten,
1 Bund Pfefferminze,
1 Bund Zitronenmelisse,
200 g Crème fraîche,
250 g Reis (Hälfte Wildreis, Hälfte Natur- oder Langkornreis),

1 Hirse etwa 30 Minuten in kaltem Wasser quellen lassen.

2 Kräuter waschen, Zwiebel und Knoblauchzehen abziehen und alles fein hacken.

3 Hirse, Kräuter und bunten Pfeffer mit Gehacktem vermischen und mit Salz und Muskat abschmecken.

4 Lammschulter mit der Mischung füllen und mit Küchengarn zu einem Rollbraten binden, in einem Bräter von allen Seiten in etwas Öl anbraten, den Wein angießen und zugedeckt etwa 1 1/2 Stunden im Backofen bei 200 Grad garen

5 Die Gemüse waschen, Rettiche und Möhren schälen. Das dunkle Grün und die Wurzeln der Frühlingszwiebeln entfernen und nur die hellen Teile verwenden.

6 Etwa 20 Minuten vor Ende der Garzeit die Gemüse mit zur Lammschulter geben. Eventuell etwas Wasser angießen.

7 Lammkeule und Gemüse aus dem Bräter heben und warmstellen.

8 Fett vom Bratenfond schöpfen.

9 Minz- und Melisseblätter waschen, mit etwas Bratenfond im Mixer pürieren, mit Crème fraîche in den Fond rühren, eventuell noch einmal mit Salz und Pfeffer abschmecken.

10 Den Reis mit etwa 2 Liter Salzwasser erhitzen, ca. 20 Minuten (bei Naturreis etwas länger) kochen lassen, dann abgießen, kurz kalt überspülen und im noch warmen Backofen ausdampfen lassen.

1240 kcal *5183 kJ*

Vanillequarkkugeln auf Rhabarbersauce mit Maisflocken

3–4 Stangen Rhabarber,
1/8 Liter Weißwein,
5 Eßlöffel Zucker,
100 g Crème fraîche,
1 Ei,
Mark einer Vanilleschote,
250 g Magerquark,
3 Blatt weiße Gelatine,
1 Eßlöffel Maisflocken (Cornflakes)

1 Rhabarber abziehen und in nicht zu große Stücke schneiden.

2 Rhabarberstücke mit Weißwein und 3 Eßlöffel Zucker etwa 10 Minuten kochen lassen, pro Dessert 2 oder 3 Stücke zurückbehalten und den Rest im Mixer pürieren. Die Sauce auskühlen lassen.

3 Crème fraîche wie Sahne aufschlagen.

4 Ei trennen, Eiweiß mit restlichem Zucker steifschlagen.

5 Vanillemark, Eigelb, Eischnee und Crème fraîche mit Quark mischen.

6 Gelatine nach Vorschrift der Packung auflösen und unter die Vanillecreme geben.

7 Creme im Kühlschrank fest werden lassen. Einen Eisportionierer in heißes Wasser tauchen und Kugeln aus der Creme stechen.

8 Rhabarbersauce auf Schälchen verteilen, je eine Quarkkugel darauflegen, mit Maisflocken bestreuen und mit den zurückbehaltenen Rhabarberstückchen dekorieren.

275 kcal *1150 kJ*

Tip

Wenn Sie Ihrem Menü ein dekoratives Aussehen verleihen wollen, behalten Sie ein paar Zweige der Minze oder sonstige Kräuter zum Garnieren für die Sauce zurück oder mischen Sie ein paar Blättchen kleingehackt dem Reis bei.
Oder servieren Sie einmal eine ungewöhnliche Dekoration in Form eines ganz zarten Rhabarberblattes, auf dem Sie das Dessert anrichten.

Vitaminreiche Salate

Salat Wiesengrund

8 Flußkrebse oder Scampis,
250 g Chicoree,
200 g junge Möhren,
1 Stück Salatgurke,
2 Frühlingszwiebeln,
Gänseblümchen,
Knoblauchrauke

Sauce:

6 Eßlöffel Öl,
1 Eßlöffel Zitronensaft,
Saft einer Orange,
Salz, Pfeffer, Zucker,
1 zerdrückte Knoblauchzehe,
1 geriebene Zwiebel

1 Die Flußkrebse kurz in kochendes Salzwasser geben und 5 Minuten garen. Dann das Krebsfleisch aus der Schale lösen.

2 Chicoreestauden waschen, mit dem Messer den harten Kern herauslösen und die Blätter dekorativ in Salatschalen geben.

3 Möhren schälen und in feine Streifen schneiden. Ebenfalls in die Schale geben.

4 Gurke halbieren, die Kerne herauslösen und die Gurke in feine Scheiben schneiden.

5 Gurke mit den Zwiebelringen in der Schale anrichten.

6 Knoblauchrauke und Gänseblümchen waschen, auf den Salattellern arrangieren.

7 Die Saucenzutaten zusammenrühren und über den Salat gießen.

253 kcal *1058 kJ*

Salat Frühlingsstrauß

50 g Löwenzahn,
50 g Giersch,
50 Sauerampfer,
100 g Eissalat,
2 Tomaten,
1 kleine Salatgurke,
2 hartgekochte Eier,
2 Eßlöffel Weinessig,
2 Eßlöffel Rotwein,
1 Teelöffel scharfer Senf,
2 Eßlöffel japanische Soja-Sauce,
1/10 Liter Öl,
40 g geräucherter Schinken

1 Löwenzahn gründlich waschen, das Wurzelende abschneiden und die Blätter grob zerkleinern.

2 Die übrigen Salatzutaten ebenfalls waschen und die Blätter von Giersch, Sauerampfer und Eissalat je nach Größe in mundgerechte Stücke zupfen.

3 Tomaten vom Stielansatz befreien, in feine Scheiben schneiden, die Salatgurke grob hobeln und alle Zutaten in einer Salatschüssel anrichten.

4 Die hartgekochten Eier pellen, in Sechstel schneiden und den Salat damit garnieren.

5 Für die Sauce Weinessig mit Rotwein, Senf und Soja-Sauce mischen und das Öl langsam hineinrühren. Die Sauce über den Salat gießen.

6 Schinken sehr fein würfeln, in einer Pfanne kurz anbraten – er darf nicht zu hart werden – und die Würfel noch heiß über den Salat geben. Sofort servieren.

260 kcal *1090 kJ*

Scharf-aromatischer Frühlingszwiebelsalat

1 Bund Frühlingszwiebeln,
2 kleine rote Zwiebeln,
4 kleine Tomaten,
1 Dose Thunfisch natur,
200 g Käse (Gouda oder Emmentaler),
90 g grüne Oliven,
1 Knoblauchzehe,
1/2 Teelöffel Salz,
1/10 Liter Olivenöl,
1 Bund gemischte Kräuter (Petersilie, Kerbel, Kresse, Pimpinelle oder auch Wildkräuter wie Gundermann und Knoblauchrauke),
4 Eßlöffel Weißweinessig,
Pfeffer aus der Mühle

1 Frühlingszwiebeln waschen, hartes dunkles Grün und Wurzeln entfernen, die hellen Teile in Scheiben schneiden.

2 Rote Zwiebeln abziehen, in feine Ringe schneiden.

3 Tomaten waschen, vom Stielansatz befreien und achteln.

4 Thunfisch abtropfen lassen, zerpflücken und alles mit den Frühlingszwiebeln vermischen.

5 Käse klein würfeln und mit den Oliven über den Salat verteilen.

6 Für die Sauce die Knoblauchzehe abziehen und mit Salz und Olivenöl zu einer Paste zerreiben.

7 Kräuter waschen, kleinhacken, mit Weinessig und Knoblauchpaste vermischen und über den Salat gießen. Vor dem Servieren kräftig aus der Pfeffermühle würzen.

500 kcal *2090 kJ*

Tip

Statt grüner Oliven, einem neutralen Öl und holländischem Käse passen auch gut schwarze Oliven mit ihrem etwas kräftigeren Geschmack, Olivenöl und Feta, der südosteuropäische Schafskäse.

Saftiger Löwenzahn-Salat

200 g Löwenzahn,
2 hartgekochte Eier,
1 Becher Joghurt (oder saure Sahne),
Salz,
1 Eßlöffel feingehackte Kräuter:
Kresse oder Hirtentäschel,
Kerbel, Petersilie,
1 Eßlöffel Honig,
etwas weißer Pfeffer,
Saft von einer Zitrone,
1 Dose Mandarinen (oder 2 Orangen)

1 Löwenzahn waschen, die Wurzelenden abschneiden und den Löwenzahn in mundgerechte Stücke schneiden.

2 Eier pellen, achteln und zum Löwenzahn geben.

3 Joghurt oder Sahne mit Salz, Kräutern, Honig, Pfeffer und Zitrone vermischen und über den Salat geben.

4 Mandarinen abtropfen lassen (oder Orangen schälen und in Stücke schneiden) und auf dem Salat verteilen.

105 kcal *437 kJ*

Sauerampfer-Spinat-Salat

100 g Sauerampfer,
100 g ganz junger Spinat,
80 g Gänseblümchenblätter und Blüten,
1/2 Stange Porree,
4 kleine Tomaten,
2 Eßlöffel Sherryessig,
2 Eßlöffel abgezogene Mandeln,
6 Eßlöffel Öl,
2 Eßlöffel japanische Soja-Sauce,
Pfeffer,
2 Eßlöffel Rosinen,
2 Teelöffel Mandelblättchen

1 Sauerampfer und Spinat waschen, abtropfen lassen, die groben Stengel entfernen und die Blätter in Streifen schneiden. Gänseblümchenblätter und Blüten verlesen und gründlich waschen.

2 Porree waschen, in hauchfeine Ringe schneiden. Alles in einer Salatschüssel anrichten. Blüten der Gänseblümchen zum Garnieren zurückbehalten.

3 Tomaten waschen, vom Stielansatz befreien, achteln, den Salat mit Tomatenachteln und Blüten garnieren.

4 Für die Sauce Sherryessig und Mandeln im Mixer pürieren, Öl nach und nach hinzugeben und mit Soja-Sauce und Pfeffer abschmecken.

5 Rosinen kurz mit heißem Wasser überbrühen, hacken, in der Sauce ziehen lassen, und vor dem Servieren Sauce und Mandelblättchen über den Salat geben.

255 kcal *1066 kJ*

Frühlingskartoffelsalat

400 g neue Kartoffeln,
400 g Frühlingszwiebeln,
100 g Spinat oder Sauerampfer oder
eine Mischung von beiden,
1 rote Paprikaschote,
1/2 Schlangengurke,
1 Bund gemischte Kräuter:
Kresse, Schnittlauch, Petersilie,
Gundermann, Pimpinelle, frischer Majoran,
1/4 Liter Brühe,
3 Eßlöffel Kräuteressig,
Salz,
Pfeffer,
Zucker,
1/8 Liter Öl

1 Kartoffeln waschen und in etwa 20 Minuten garen, mit kaltem Wasser abschrecken, pellen und nicht zu fein würfeln.

2 Die übrigen Salatzutaten ebenfalls waschen.

3 Dunkelgrüne harte Teile der Frühstückszwiebeln entfernen, die hellen in Ringe schneiden.

4 Die groben Stengel von Spinat und Sauerampfer entfernen, die Blätter in feine Streifen schneiden.

5 Paprikaschote entkernen, Schlangengurke und Paprikaschote würfeln.

6 Kräuter fein hacken und alle Salatzutaten mischen.

7 Brühe erhitzen, mit Essig, Salz, Pfeffer und einer Prise Zucker abschmecken, das Öl dazugeben und heiß über den Salat gießen. Den Salat warm servieren.

429 kcal *1750 kJ*

Herzhafter Wildsalat mit Birkenblättern und Geflügel

1 großes Ei,
2 Eßlöffel japanische Soja-Sauce,
2 Hähnchenbrustfilets,
Pfeffer,
Paprikapulver mild,
20 g Mehl,
20 g Sesamsamen,
1 Eßlöffel Öl oder Margarine,
1 kleines Bund Schnittlauch,
18 Schnittlauchblüten,
3 Eßlöffel Obstessig,
1 Eßlöffel Honig,
6 Eßlöffel Öl,
4 Taubnesselspitzen mit Blüten,
1 Handvoll ganz junger Birkenblätter,
1 Handvoll Schafgarbeblättchen,
1 Kopf Salat

1 Ei aufschlagen und in einem tiefen Teller mit einem Eßlöffel Soja-Sauce verquirlen.

2 Hähnchenbrustfilets mit Pfeffer und Paprikapulver würzen, in Mehl wenden, durch die Eimasse ziehen und mit Sesamsamen panieren.

3 Ein Backblech oder eine Auflaufform mit Öl oder Margarine einfetten, die Filets darin im vorgeheizten Backofen ca. 20 Minuten bei 200 Grad backen, herausnehmen und zum Abkühlen beiseite stellen.

4 Schnittlauch in Röllchen schneiden und zehn der Blüten auseinanderzupfen, den Rest zum Garnieren aufheben.

5 Aus Essig, Honig, Öl und dem Rest Soja-Sauce eine Marinade rühren, Schnittlauchblüten und Röllchen darin ziehen lassen.

6 Taubnessel, Birkenblättchen, Schafgarbe und Kopfsalat waschen, zu große Blätter in mundgerechte Stücke zupfen und mit den aufgeschnittenen Hähnchenbrustfilets dekorativ auf Tellern anrichten.

7 Die Salatteller mit den zurückbehaltenen Schnittlauchblüten garnieren und kurz vor dem Servieren die Marinade darüber verteilen.

pro Person: 341 kcal — 1424 kJ

Erdbeer-Feldsalat mit Schnittlauchblüten

1 Handvoll ganz junge Hopfensprossen,
250 g Feldsalat,
100 g Erdbeeren,
1 Bund Schnittlauchblüten,
4 Eßlöffel japanische Soja-Sauce,
2 Eßlöffel Sherry-Essig,
1 Teelöffel Honig,
6 Eßlöffel Walnußöl,
1 Eßlöffel Walnußkerne

1 Hopfensprossen waschen und in feine Streifen schneiden.

2 Feldsalat verlesen, Wurzelenden abschneiden, gründlich waschen.

3 Blütenansatz der Erdbeeren entfernen, Früchte vierteln.

4 Die vorbereiteten Salatzutaten in einer Schüssel arrangieren.

5 Schnittlauch und Schnittlauchblüten waschen, das Schnittlauch in Röllchen schneiden. Die Blüten vom Stengel zupfen.

6 Aus Soja-Sauce, Essig, Honig und Öl eine Marinade rühren, Schnittlauch und Blüten zufügen, ca. 10 Minuten ziehen lassen.

7 Marinade über den Salat gießen, mit Walnußkernen bestreut servieren.

Hopfensprossen lassen sich auch durch andere Salatzutaten ersetzen, z.B. Chinakohl oder auch durch zarten Bleichsellerie.

Die besondere Delikatesse der Schnittlauchblüte ist ihr Honig- und Zwiebelaroma. Die Blütenstengel sind nicht zu gebrauchen.

230 kcal — 959 kJ

Frühlingseintopf mit Grießnockerln

20 g Butter, 60 g Grieß, 1 Ei,
Salz, Muskat,
2 Zwiebeln,
1 Eßlöffel Öl,
100 g Spargel,
100 g Kartoffeln, 100 g Möhren,
100 Kohlrabi,
80 g Zuckererbsenschoten,
100 g Staudensellerie,
1 1/2 Liter Brühe,
4 Eßlöffel japanische Soja-Sauce,
Cayennepfeffer, Worcestersauce

1 Butter schaumig rühren, nach und nach Grieß, Ei, 1 Eßlöffel Wasser, Salz und Muskat dazugeben.

2 Mit einem Löffel Nockerln abstechen und ca. 10 Minuten in kochendem Salzwasser garen, dann noch 5 Minuten ziehen lassen.

3 Zwiebeln abziehen, feinwürfeln, in etwas Öl glasig dünsten.

4 Spargel, Kartoffeln, Möhren und Kohlrabi schälen. Spargel in Stücke, den Rest in Würfel schneiden.

5 Zuckererbsen waschen, eventuell abfädeln.

6 Sellerie waschen, Blätter entfernen und Stangen in Stücke schneiden.

7 Die vorbereiteten Gemüse zu den Zwiebeln geben, mit Brühe auffüllen und ca. 20 Minuten kochen lassen, mit Soja-Sauce, Cayennepfeffer und einem Spritzer Worcestersauce abschmecken und mit Grießnockerln servieren.

248 kcal *1035 kJ*

Pikante Spinatsuppe Florenz mit Tomatencrêpestreifen

400 g Spinat oder ganz junge Brennesseln
und Giersch (oder eine Mischung von den
drei Sorten),
1 Stange Porree, 1 Eßlöffel Öl,
1 Liter Hühnerbrühe,
4 Eßlöffel japanische Soja-Sauce, Pfeffer,
1/2 Teelöffel frischer Ingwer,
oder 1 Messerspitze gemahlener Ingwer,
etwas Knoblauch frisch oder als Pulver,
1/10 Liter Sahne, 1 Eigelb

1 Spinat oder Gemüsemischung gründlich waschen, kurz mit kochendem Wasser überbrühen, kalt abspülen, abtropfen lassen und feinhacken.

2 Porreestangen waschen, in feine Ringe schneiden und in erhitztem Öl zusammen mit dem gehackten Spinat anschwitzen.

3 Das Gemüse mit Hühnerbrühe auffüllen und kurz durchkochen lassen. Mit Soja-Sauce, Pfeffer, Ingwer und etwas Knoblauch würzen. Sahne und Eigelb verrühren und in die von der Kochstelle genommene Suppe geben. Nicht mehr kochen lassen. Kurz vor dem Servieren mit Tomatencrêpestreifen garnieren.

118 kcal *497 kJ*

Tomatencrêpestreifen

1 Ei, 1/4 Liter Milch,
50 g Vollkorn-Roggenschrot,
20 g Tomatenmark,
Salz, Pfeffer, Öl zum Backen

1 Aus den Zutaten einen nicht zu dickflüssigen Teig rühren (evtl. mit etwas Wasser verdünnen).

2 Teig mindestens 20 Minuten quellen lassen.

3 Öl in einer kleinen Pfanne erhitzen,und den Teig darin bei mittlerer Hitze zu dünnen Pfannkuchen ausbacken.

4 Crêpes etwas abkühlen lassen und in 1/2 cm dicke Streifen schneiden.

107 kcal *448 kJ*

Wildgemüse-Kartoffelsuppe

1 Zwiebel, 500 g Kartoffeln,
1 Eßlöffel Öl, 1 Liter Fleischbrühe,
200 g Wildgemüse: ganz junge Huflattich-
blätter und Sauerampfer oder eine
Mischung mit Schafgarbe, Brennesseln,
Gänseblümchenblättern und Wegerich,
2 Eßlöffel japanische Soja-Sauce,
Pfeffer, Cayennepfeffer,
1/8 Liter saure Sahne

1 Zwiebel abziehen, Kartoffeln waschen, schälen und beides fein würfeln.

2 In Öl anbraten, mit Fleischbrühe auffüllen und zugedeckt ca. 15 Minuten kochen lassen.

3 Ein paar Kartoffelwürfel als Einlage zurückbehalten, den Rest mit dem Mixstab pürieren und mit den Gewürzen abschmecken.

4 Wildgemüse gründlich waschen (vier Blättchen zum Garnieren zurückbehalten), hacken und noch etwa 5 Minuten in der Suppe kochen lassen.

5 Vor dem Servieren saure Sahne unterrühren und mit Blättchen und Kartoffelwürfeln garnieren.

205 kcal *855 kJ*

Würzige Haferflocken-Porree-Suppe

2 Stangen Porree,
2 Möhren,
1 Zwiebel,
40 g Haferflocken,
20 g Butter oder Margarine,
1 Liter Brühe,
4 Eßlöffel japanische Soja-Sauce,
1 Prise Muskat,
1 Prise Ingwer,
Cayennepfeffer,
1 Eigelb,
1/8 Liter Sahne

1 Porree putzen, waschen, in feine Streifen schneiden.

2 Möhren schälen, in dünne Scheiben schneiden.

3 Zwiebel abziehen, feinwürfeln.

4 Butter oder Margarine erhitzen, Haferflocken und vorbereitete Gemüse darin kurz anrösten, Brühe angießen und ca. 10 Minuten kochen lassen.

5 Mit Soja-Sauce und Gewürzen pikant abschmecken.

6 Suppe von der Kochstelle nehmen, Eigelb und Sahne verquirlen und die Suppe damit legieren.

137 kcal *572 kJ*

Tip

Wenn die Suppe ganz glatt und cremig sein soll, nehmen Sie zarte Schmelzflocken, wer den Geschmack etwas robuster liebt, kann kernige Haferflocken verwenden.

Bunte Frühlingssuppe mit Perlgraupen

2 Karotten,
4 Teltower Rüben,
100 g Stangensellerie,
1/2 Blumenkohl,
100 g grüne Bohnen,
1 Stange Porree,
1 Zwiebel,
20 g Speck,
1 Eßlöffel Öl,
40 g Graupen,
2 Liter Brühe,
Salz,
Pfeffer,
1 Eßlöffel gehackte Kräuter:
Knoblauchrauke, 2 Blättchen Gundermann,
Petersilie, Kresse oder Hirtentäschelkraut

1 Alle Gemüse gründlich waschen, Karotten und Rübchen schälen, und das Gemüse in feine Scheiben schneiden.

2 Blumenkohl vom Strunk befreien und in Röschen zerpflücken.

3 Bohnen eventuell abfädeln.

4 Von der Porreestange nur den weißen und hellgrünen Teil verwenden, in feine Streifen schneiden und separat stellen.

5 Zwiebel abziehen.

6 Speck und Zwiebel fein würfeln und in etwas Öl zusammen mit den Graupen an-

schwitzen und vorbereitetes Gemüse ohne Porree dazugeben.

7 Mit Brühe auffüllen, mit Salz und Pfeffer abschmecken und ca. 20 Minuten kochen lassen. 5 Minuten vor Ende der Garzeit Porree dazugeben. Mit feingehackten Kräutern bestreut servieren.

833 kcal *3471 kJ*

Tip

Hirtentäschelkraut gehört zur Kressefamilie und ist im Geschmack der Garten- und der Brunnenkresse verwandt. Knoblauchsrauke hat einen starken Knoblauchgeruch und -geschmack und kann durch frischen Knoblauch ersetzt werden.

Kohlrabi-Möhren-Eintopf mit Kerbel

2 Zwiebeln,
2 Eßlöffel Sonnenblumenöl,
500 g Möhren,
500 g Kohlrabi,
1 1/2 Liter Brühe,
1/2 Teelöffel gemahlener Kümmel,
Muskat,
Pfeffer,
4 Eßlöffel japanische Soja-Sauce,
50 g Sauerampfer,
50 g Salat,
1 Bund Kerbel,
etwas Pernot

1 Zwiebel abziehen, würfeln und in Öl glasig dünsten.

2 Möhren, Kohlrabi schälen und in Stifte schneiden, zu den Zwiebeln geben, kurz andünsten, mit Brühe auffüllen die Gewürze hinzufügen und ca. 15 Minuten garen.

3 Sauerampfer und Salat waschen, in Streifen schneiden, Kerbel waschen und fein hacken (ein paar Blättchen zum Garnieren zurückbehalten).

4 Sauerampfer, Salatstreifen und feingehackten Kerbel kurz vor dem Servieren in den Eintopf geben und mit einem Schuß Pernot abschmecken.

178 kcal *743 kJ*

Spargelplatte mit gebeiztem Roastbeef und neuen Kartoffeln

Roastbeef:

600 g Roastbeef (gut abgehangen),

200-300 g gemischte Kräuter:

Petersilie, Schnittlauch,

Zitronenmelisse, Knoblauchrauke,

Estragon, Kerbel, Majoran,

Salbei und Liebstöckel (von diesen beiden nur je ein kleiner Stengel),

1 Eßlöffel abgeriebene Schale einer ungespritzten Zitrone,

1 Eßlöffel grob geschroteter Pfeffer,

200 g grobes Salz

Spargel:

3-4 kg Spargel,

Salz, Zucker, 250 g Butter

Kartoffeln:

500 g kleine Kartoffeln,

1 Teelöffel Kümmel, Salz

1 Roastbeef mit einem scharfen Messer häuten (oder vom Schlachter häuten lassen).

2 Kräuter waschen und fein hacken. Zitronenschale und Pfeffer mit dem Salz vermischen.

3 Ein Stück Klarsichtfolie, etwas länger als das Roastbeef, bereitlegen, und die Salz-Kräutermischung gleichmäßig darauf verteilen.

4 Roastbeef in die Mitte des Kräuterbettes legen, Folienseiten vorsichtig überschlagen und fest andrücken.

5 Roastbeef in eine passende, längliche Form legen, mit einem kleinen Brett abdecken und mit etwa 2 kg Gewicht beschweren (am besten eignen sich volle Konservendosen). Im Kühlschrank etwa 24 Stunden beizen.

6 Nach dem Beizen die Kräuterschicht mit Küchenkrepp abreiben.

7 Mit einem scharfen Messer dünne Scheiben schneiden und diese zwischen zwei Plastikfolien mit einer Kuchenrolle hauchdünn ausrollen. Auf einer Fleischplatte mit Kräutern garniert zum Spargel reichen.

8 Spargel
nicht zu dünn schälen, waschen, die Stangenenden etwa 2 cm an der Schnittfläche abbrechen (um eventuell holzige Teile zu entfernen) und in kochendem Wasser mit einer Prise Salz und Zucker und ca. 20 g Butter je nach Dicke der Stangen etwa 15-20 Minuten garen. Nach Garzeit gut abgetropft servieren.

9 Kartoffeln
mit einer Bürste kräftig reinigen, in kochendem Wasser mit Salz und Kümmel aufsetzen und ca. 20 Minuten garen.

10 Nach Garzeit gut abtropfen lassen und in ca. 30 g Butter von allen Seiten kurz goldbraun braten

11 Nußbutter
Butter erhitzen und und so lange bei geringer Hitze kochen, bis sie nicht mehr schäumt. Bei Beginn des Bräunens sofort in eine vorgewärmte Sauciere gießen, um ein Nachbräunen zu verhindern und zum Spargel servieren.

997 kcal | *4167 kJ*

Spargelkopf zwischen Daumen und Fingerspitzen halten, das Ende am Arm aufliegen lassen. Mit einem Spargelschäler (Sparschäler) unter leichtem Druck vom Kopf zum Ende schälen, dabei die Stange langsam drehen.

Spargelenden abbrechen, so kann man feststellen, ob die Stange holzig ist oder wo man ein Stück Schale vergessen hat.

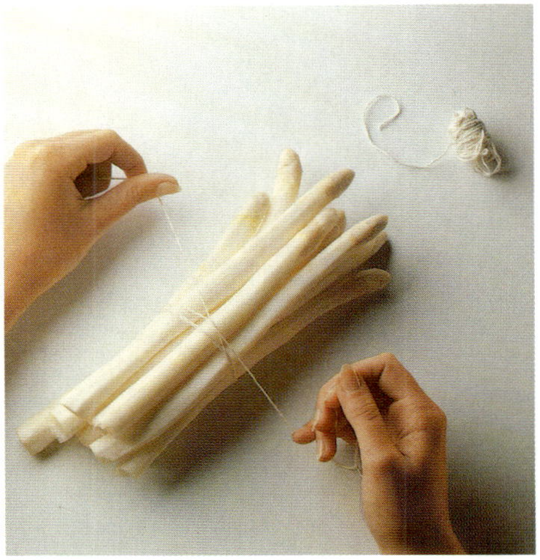

Spargel portionsweise mit Küchengarn binden. So läßt er sich leichter aus dem Wasser heben.

Kalbsröllchen mit frühlingsfrischer Füllung

500 g Spinat und Wildgemüse,
(Huflattich, Giersch, Brennessel,
Sauerampfer),
2 Eßlöffel Paniermehl,
1 Ei,
Pfeffer,
4 Eßlöffel japanische Soja-Sauce,
2 Eßlöffel gehackte, gemischte Kräuter:
Petersilie, Majoran, Thymian,
Bohnenkraut, 1 Blatt Salbei,
600 g Kalbsrouladen,
2 Eßlöffel scharfer Senf,
4 kleine Tomaten,
4 Kohlrabi,
1 kleine Dose Mais,
2 Eßlöffel Öl,
100 g Crème fraîche,
2 Eßlöffel Schnittlauchröllchen

1 Wildgemüse waschen, putzen, heiß überbrühen und kleinhacken.

2 Mit Paniermehl und Ei vermischen, mit Pfeffer und Soja-Sauce abschmecken. Kräuter untermischen.

3 Senf auf die Rouladen streichen, Wildgemüse darauf verteilen.

4 Tomaten vom Stielansatz befreien, heiß überbrühen, halbieren, entkernen und würfeln.

5 Kohlrabi schälen, in feine Streifen schneiden und ca. 5 Minuten in kochendem Salzwasser blanchieren.

6 Mais abtropfen lassen.

7 Tomatenwürfel, Kohlrabi und Mais auf dem Wildgemüse verteilen, die Rouladen aufrollen und mit einem Holzspießchen feststecken.

8 Öl erhitzen, Rouladen von allen Seiten kurz anbraten, in Brat- oder Alufolie geben.

9 Bratenansatz mit Brühe ablöschen, zu den Rouladen gießen, Brat- oder Alufolie schließen, ca. 15 Minuten im vorgeheizten Backofen bei 200 Grad garen.

10 Rouladen aus der Folie nehmen, Bratensatz in einen Topf füllen, mit Crème fraîche verrühren, eventuell mit noch etwas Soja-Sauce abschmecken.

11 Schnittlauchröllchen über die Rouladen streuen, mit der Bratensauce servieren.

459 kcal *1923 kJ*

Tip

Die Gemüsemischung der Rouladen kann je nach Jahreszeit anders zusammengestellt werden. Dazu passen Naturreis, oder Vollkornnudeln.

Mit einem sehr scharfen Messer am Brustbein zwischen Knochen und Fleisch einstechen. Fleisch mit einer Hand festhalten, Schnitt für Schnitt am Knochen entlang, das Fleisch lösen.

Geflügel ein paarmal drehen, dabei das Fleisch sowohl auf der Brust- wie auf der Rückseite lösen. Knochen der Keulen am Gelenk trennen. (Keulenknochen bleiben in der Keule).

Flügel und Bürzel abschneiden. Das entbeinte Geflügel zum Füllen bereitlegen.

Hähnchen mit pikanter Füllung

50 g Hirse,
1/2 rote Paprikaschote,
2 Zwiebeln,
500 g Hackfleisch,
2 Eßlöffel gehackte, gemischte Kräuter:
Majoran, Thymian, Ysop, Petersilie,
1 Ei,
1 Prise Ingwer, 1 Prise Muskat,
Cayennepfeffer, Zitronenpfeffer,
6 Eßlöffel japanische Soja-Sauce,
1 Teelöffel Honig,
1 Hähnchen von ca. 1000-1500 g,
5 Tropfen Sesamöl

1 Hirse in einer Tasse kaltem Wasser 1 Stunde quellen lassen, dann auf einem Sieb abtropfen lassen.

2 Paprikaschote waschen, Kerne und weiße Teile entfernen und Schote fein würfeln.

3 Zwiebeln abziehen, ebenfalls in feine Würfel schneiden.

4 Hackfleisch mit Hirse, Paprikaschote, Zwiebeln, Kräutern, Ei, Gewürzen und 4 Eßlöffeln Soja-Sauce gründlich mischen.

5 Hähnchen entbeinen und mit gewürztem Hackfleisch – nicht zu prall – füllen. Öffnung mit Holzspießchen zustecken.

6 Restliche Soja-Sauce mit Honig und Sesamöl mischen.

7 Hähnchen von außen mit Sojamischung bestreichen.

8 Keulen des Hähnchens zusammenbinden.

9 Im vorgeheizten Backofen bei 180 Grad ca. 1 1/2 Stunden garen, zwischendurch mit dem sich sammelnden Bratenfond begießen.

10 Hähnchen aufschneiden, Scheiben mit Bratenfond servieren

349 kcal *1460 kJ*

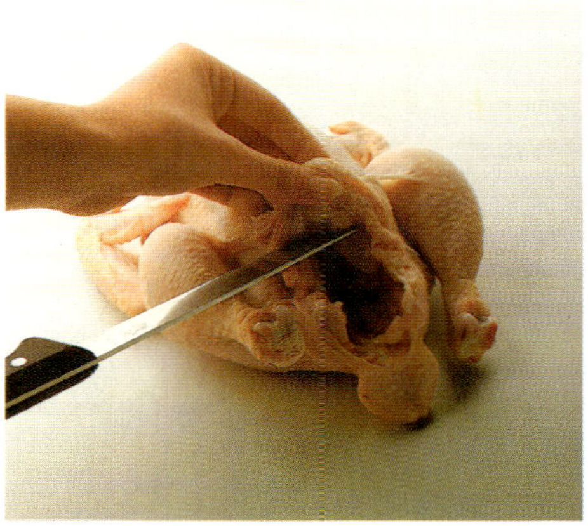

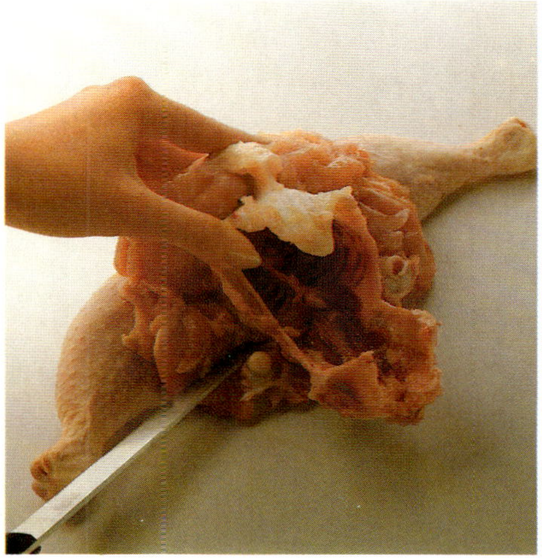

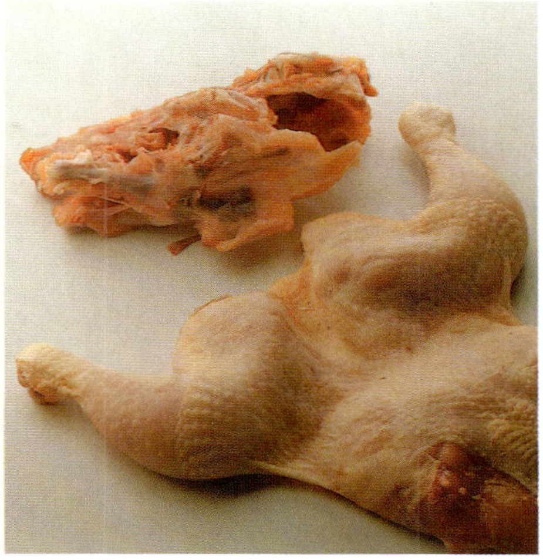

Seezungenröllchen Surprise

15 Seezungenfilets à 60 g,
120 g Frischkäse,
1 Ei,
100 g gemischte Kräuter: Estragon,
Petersilie, Kerbel, Kresse,
(nach Belieben zusammenstellen),
4 große Sauerampferblätter,
2 mittelgroße Tomaten,
1 Zweig Basilikum,
Salz, Pfeffer, Knoblauch,
1 ungespritzte Zitrone,
1 ungespritzte Orange (ersatzweise
eine Messerspitze Orangenschalenpulver),
1 Zweig Zitronenmelisse,
20 g Butter oder Margarine,
1/4 Liter Weißwein,
1/8 Liter Sahne

1 3 Seezungenfilets mit Frischkäse und Ei im Mixer pürieren. Masse in drei gleichgroße Mengen aufteilen.

2 Kräuter waschen, fein hacken, mit einem Teil der Masse vermischen und mit Salz und Pfeffer abschmecken.

3 Sauerampferblätter kurz heiß überbrühen.

4 Vier Filets mit je einem Sauerampferblatt belegen, Kräutermasse darauf verteilen, Filets aufrollen und mit Spießchen feststecken.

5 Tomaten mit heißem Wasser überbrühen, Haut abziehen, Kerne entfernen, Fruchtfleisch in feine Würfel schneiden, Blätter des Basilikumzweiges kleinhacken und mit dem zweiten Teil der Masse vermischen, mit Salz, Pfeffer und etwas Knoblauch abschmecken.

6 Weitere vier Filets mit der Masse bestreichen, aufrollen und mit Spießchen feststecken.

7 Zitrone und Orange ganz dünn schälen und Schale in sehr feine Streifen schneiden.

8 Den dritten Teil der Masse mit 1 Eßlöffel Zitronen- und 2 Eßlöffel Orangensaft, gewaschener und gehackter Melisse und etwas Salz pikant abschmecken.

9 Die restlichen 4 Filets mit der Masse bestreichen, aufrollen und ebenfalls mit Spießchen feststecken.

10 In einem flachen, genügend großen Topf 20 g Butter schmelzen lassen, Röllchen aufrecht hineinstellen, mit Weißwein und Sahne angießen und einmal kurz aufkochen lassen, dann etwa 15 Minuten im Sud bei verminderter Hitze ziehen lassen.

11 Röllchen aus dem Sud heben und warmstellen.

12 Sud um etwa die Hälfte einkochen lassen, mit Salz und Pfeffer abschmecken und vor dem Servieren über die Röllchen gießen.

488 kcal *2038 kJ*

Servieren Sie die Seezungenröllchen mit frischen Champignons und grünem Spargel, die kurz in etwas Himbeeressig-Honig-Marinade gezogen haben. Dazu passen zarte Crêpes und ein Wildsalat aus Löwenzahn und Sauerampfer.

Rotbarschfilet Florence

500 g Blattspinat,
40 g Butter oder Margarine,
1 Knoblauchzehe, Salz, Pfeffer, Muskat,
750 g Rotbarschfilet,
etwas Zitronensaft und Worcestersauce,
etwas Mehl, 1/10 Liter Brühe,
150 g Crème fraîche, 2 cl Kirschwasser,
100 g geriebener Emmentaler,
Cayennepfeffer, Zitronenpfeffer,
50 g Mandelstifte

1 Den Blattspinat verlesen, gründlich waschen und abtropfen lassen.

2 20 g Butter oder Margarine erhitzen.

3 Spinat und zerdrückte Knoblauchzehe hineingeben, ca. 5 Minuten dünsten.

4 Mit Salz, frisch gemahlenem Pfeffer und Muskat abschmecken.

5 Spinat in eine gefettete, feuerfeste Form füllen.

6 Fisch waschen, trockentupfen, mit Zitronensaft und Worcestersauce beträufeln und mit Mehl bestäuben.

7 Den Rest der Butter erhitzen, den Fisch von beiden Seiten anbraten und auf den Spinat legen.

8 Bratfond mit Brühe ablöschen und zum Spinat gießen.

9 Crème fraîche, Kirschwasser und Käse mischen, mit Cayenne- und Zitronenpfeffer abschmecken und über den Fisch geben.

10 Mit Mandelstiften bestreut unter dem Grill überbacken, bis die Käsemasse schmilzt.

Dazu passen Brühkartoffeln oder Naturreis.

552 kcal *2307 kJ*

Kräuterkartoffel mit Pfiff

4 große, festkochende Kartoffeln,
1 Eßlöffel Kümmel,
1 Eigelb,
2 Eßlöffel gemischte, gehackte Kräuter:
Schnittlauch, Majoran,
Fenchelgrün, Gundermann,
ca. 1/10 Liter Milch,
20 g Butter oder Margarine,
Pfeffer,
1 Prise Muskat,
1 Teelöffel scharfer Senf,
1/2 Teelöffel Curry,
1 Eßlöffel japanische Soja-Sauce,
8 hartgekochte Eier

1 Die Kartoffeln gut waschen und im Kümmelwasser ca. 25 Minuten garen.

2 Anschließend etwas abkühlen lassen, der Länge nach halbieren, und das Innere mit einem Teelöffel so weit herauslösen, daß nur ein ca. 1/2 cm dicker Rand stehen bleibt.

3 Die Kartoffelhälften nebeneinander in eine feuerfeste Form setzen.

4 Das ausgelöste Kartoffelinnere zerstampfen, mit Eigelb, Kräutern, Milch, Butter oder Margarine mischen und mit Pfeffer, Muskat, Senf, Curry und Soja-Sauce abschmecken.

5 Eier pellen und in die ausgehöhlten Kartoffelhälften legen. Die Kartoffelmasse darübergeben, das Ganze im vorgeheizten Backofen bei 200 Grad ca. 15-20 Minuten überbacken.

391 kcal *1640 kJ*

Pikante Buchweizencrêpes

200 g Weizenmehl Type 1050,
50 g Buchweizenmehl,
4 Eier,
3/8 Liter Milch, Salz,
4 Eßlöffel gemischte, gehackte Kräuter:
Majoran, Selleriegrün,
Pimpinelle, Schnittlauch,
30 g Butter

Quarkfüllung:
250 g Sahnequark, Salz,
1 geriebene Zwiebel,
2 Eßlöffel Paprikamark,
Paprikapulver, Tabasco,
je 1/2 Bund Petersilie und Schnittlauch

1 Mehl mit Eiern, Milch, Salz und Kräutern vermischen. Ca. 30 Minuten ruhen lassen.

2 Butter erhitzen und nacheinander goldgelbe Crêpes backen.

3 Quarkzutaten vermischen, abschmecken, die Eierkuchen damit bestreichen und zusammenklappen.

4 Petersilie und Schnittlauch waschen, hacken und Crêpes damit bestreuen.

505 kcal *2109 kJ*

Tip

Buchweizenmehl hat einen sehr intensiven Eigengeschmack. Darum mischt man es mit Mehl von neutralerem Geschmack, z.B. Weizenmehl, das darüberhinaus noch einen höheren Kleberanteil besitzt. Der ist unerläßlich bei Kuchen und Crêpes.

Zarte Fliederblüten mit Kirschsauce

8-12 Fliederblüten vom Holunder
(je nach Größe),
2 Eier, 250 g Mehl,
0,2 Liter Wein, 4 Eßlöffel Anisöl,
10 g brauner Zucker,
Salz, 1 Prise Kardamom

1 Holunderblüten vorsichtig waschen und auf Küchenkrepp abtropfen lassen.

2 Eier trennen, Eiweiß zur späteren Verwendung zurückstellen.

3 Mehl in eine Schüssel sieben, mit Wein, Öl, Eigelb, Zucker, Salz und Kardamom schnell zu einem glatten Teig rühren, ca. 30 Minuten ruhen lassen.

4 Kurz vor Verwendung Eiweiß steifschlagen und unter den Teig heben.

5 Holunderblüten in den Teig tauchen und im heißen Fritierfett in ca.5 Minuten goldgelb ausbacken, mit Kirschen und Kirschsauce servieren.

Kirschsauce

500 g sehr reife Kirschen,
1/8 Liter Rotwein, 2 Teelöffel Honig,
2 cl Kirschwasser

Mehl in eine Schüssel sieben.

Eigelb, Wein, Öl, Zucker, Salz und Gewürze hineingeben und schnell zu einem glatten Teig verrühren.

Gewaschene Fliederblüten am Stil fassen, in den Teig tauchen.

Im heißen Fritierfett ca. 5 Minuten goldgelb ausbacken.

1 Kirschen entkernen (einige zum Dekorieren zurückbehalten), in Rotwein kurz aufkochen, im Mixer pürieren und durch ein Sieb streichen.

2 Sauce mit Honig und Kirschwasser abschmecken.

500 kcal *2090 kJ*

Herzkirschen-Küchlein

500 g Herzkirschen,
350 g Mehl, 4 Eier, 1/8 Liter Milch,
2 cl Amaretto,
3 Eßlöffel Crème fraîche,
10 g brauner Zucker,
etwas Salz, 4 Eßlöffel Öl,
50 g geröstete Mandelblättchen,
2 Eßlöffel Puderzucker

1 Herzkirschen waschen und entsteinen.

2 Mehl in eine Schüssel sieben.

3 Eier trennen, Eiweiß zur späteren Verwendung beiseite stellen.

4 Mehl mit Eigelb, Milch, Amaretto, Crème fraîche, Zucker und Salz zu einem glatten Teig verrühren, ca. 30 Minuten ruhen lassen.

5 Eiweiß steifschlagen, unter den Teig heben.

6 1 Eßlöffel Öl in einer Pfanne erhitzen, 1/4 des Teiges hineingießen, 1/4 der Kirschen darüber verteilen, bei mäßiger Hitze backen. Wenn die Oberfläche erstarrt ist, den Pfannkuchen kurz wenden.

7 Nacheinander 4 Pfannkuchen backen.

8 Mit Mandelblättchen und Puderzucker bestreut servieren.

724 kcal *3027 kJ*

Gestürzter Waldmeisterschaum mit Erdbeersauce

1 Bund Waldmeister,
1/8 Liter Weißwein,
50 g Zucker, 2 Eier,
1 unbehandelte Zitrone,
1 unbehandelte Orange,
4 Blatt Gelatine, 1 Prise Salz

1 Waldmeister waschen (4 Stiele zur Dekoration zurückbehalten), in Weißwein mit einem Teelöffel Zucker ca. 20 Minuten marinieren, dann etwas ausdrücken und das Kraut wegwerfen.

2 Eier trennen, Eigelb mit Waldmeistermarinade, abgeriebener Schale der Zitrone und der Orange und restlichem Zucker im Wasserbad aufschlagen, bis die Masse cremig wird.

3 Gelatine einweichen, ausdrücken und in etwas warmem Zitronensaft auflösen, in die Eimasse rühren.

4 Eiweiß mit einer Prise Salz zu Schnee schlagen und unter die Creme heben.

5 Waldmeistercreme in Portionsgläser füllen, erkalten lassen und stürzen. Mit etwas abgeriebener Orangenschale bestreuen.

Erdbeersauce

250 g Erdbeeren,
1/10 Liter Weißwein,
1 Eßlöffel Lindenblütenhonig

1 Erdbeeren putzen, waschen, 4 Erdbeeren halbieren und den Rest mit Weißwein und Honig pürieren.

2 Erdbeersauce und halbierte Erdbeeren zum Waldmeisterschaum reichen.

465 kcal *1944 kJ*

Joghurt-Minz-Sahne mit Orangen

2 Zweige Pfefferminze,
2 cl Orangenlikör,
1 Eßlöffel brauner Zucker,
1 Becher Sahne,
2 Becher Joghurt,
4 Orangen,
100 g bittere Schokolade

1 Minzzweige waschen, mit Küchenkrepp trockentupfen. Vier Blättchen zum Garnieren zur Seite legen.

2 Restliche Minzblättchen in Orangenlikör und Zucker ca. 20 Minuten marinieren, dann kräftig mit dem Löffelrücken ausdrücken, Minzblättchen nicht weiter verwenden.

3 Sahne steifschlagen.

4 Joghurt mit Sahne und Minz-Likör mischen und kaltstellen.

5 Orangen schälen (wie Äpfel), es dürfen keine weißen Reste der Schale mehr vorhanden sein, dann in sehr dünne Scheiben schneiden.

6 Orangenscheiben auf vier Schälchen verteilen, vier Scheiben zurücklassen zum Garnieren.

7 Schokolade raspeln, über die Orangenscheiben in den Schalen streuen.

8 Joghurtcreme darüberfüllen, mit Orangenscheibe und Minzblättchen garniert servieren.

403 kcal *1684 kJ*

Gestürzte Hirsecreme mit frischen Erdbeeren und Waldmeistersauce

100 g Hirse,
1/4 Liter Milch,
1 Becher Joghurt,
250 g Frischkäse,
Saft von einer Zitrone und einer Orange,
60 g Zucker, 1 Ei,
2 Blatt weiße Gelatine,
400 g Erdbeeren,
4 cl Orangenlikör,
1 Bund Waldmeister,
40 g Zucker, 1/8 Liter Wein,
1/8 Liter Crème fraîche

1 Hirse in etwas Wasser ca. eine Stunde quellen, dann auf einem Sieb abtropfen lassen. Milch kurz aufkochen. Hirse einstreuen und 10 Minuten quellen lassen.

2 Joghurt, Frischkäse, Zitronen- und Orangensaft mit Zucker und Eigelb verrühren.

3 Eiweiß steifschlagen, Gelatine nach Packungsvorschrift auflösen und alles zusammen mit der ausgekühlten Hirse unter den Frischkäse heben.

4 Masse in eine kalt ausgespülte Kuchenform füllen und ca. 2 Stunden in den Kühlschrank stellen.

5 Erdbeeren putzen, waschen und in etwas Orangenlikör marinieren.

6 Waldmeister mit Zucker und Wein etwa eine halbe Stunde ziehen lassen, dann das Bund entfernen, und die Waldmeistermarinade mit Crème fraîche verschlagen.

7 Hirsecreme stürzen, mit Erdbeeren garnieren und die Waldmeistersauce separat reichen.

695 kcal *2906 kJ*

Knuspriges Zitronen-Sesamgebäck mit Erdbeeren und Ingwer

2 Eier,
2 Eßlöffel Zucker,
4 Eßlöffel Mehl,
1 Prise Salz,
40 g Butter,
1 Messerspitze Zitronenschalen-Aroma,
1 Teelöffel Zitronensaft,
1 Teelöffel Sesamsamen,
250 g Erdbeeren,
1 Päckchen Schokoladenglasur dunkel,
250 g Frischkäse,
4 Stücke eingelegter Ingwer (in Sirup),
2 cl Cognac

1 Eier und Zucker gründlich verrühren, aber nicht schaumig schlagen.

2 Mehl, Salz, weiche Butter nach und nach dazugeben.

3 Teig mit Zitronenschale, Zitronensaft und Sesamsamen mischen und ca. 20 Minuten ruhen lassen.

4 Auf einem gefetteten Backblech oder auf Backpapier sehr dünne Plätzchen aufstreichen.

5 Im vorgeheizten Backofen bei 200 Grad ca. 8 Minuten backen.

6 Schokoladenglasur erwärmen, und die Erdbeeren jeweils zur Hälfte hineintauchen, auf einen Rost legen und die Glasur erkalten lassen.

7 Frischkäse glattrühren, Ingwer zerhacken und mit etwas Sirup und Cognac in den Frischkäse geben. Ein paar Stücke Ingwer zur Dekoration zurückbehalten. Frischkäse, Schokoerdbeeren und Sesamgebäck auf vier Teller verteilen, mit Ingwerstückchen bestreut servieren.

561 kcal *2345 kJ*

Zartes Rhabarbersoufflé

1/4 Liter Milch,
Mark einer Vanilleschote,
ersatzweise 1 Päckchen Vanillin-Zucker,
1 Prise Salz,
75 g Butter oder Margarine,
50 g Stärke,
75 g Zucker,
4 Eigelb, 8 Eiweiß,
400 g Rhabarber,
4 cl Orangenlikör,
abgeriebene Schale einer ungespritzten Orange

1 Milch mit Vanillemark, Salz und Butter oder Margarine erhitzen. Etwas kalte Milch zurücklassen zum Anrühren der Stärke.

2 Angerührte Stärke in die kochende Milch geben und unter Rühren aufkochen lassen.

3 Zucker und Eigelb schaumig rühren und unter die heiße Masse ziehen.

4 Eiweiß steifschlagen und unterheben.

5 Rhabarber waschen, abziehen, in Stücke schneiden und in Orangenlikör marinieren.

6 Rhabarber, Marinierflüssigkeit und Orangenschale mit der Souffléemasse mischen, in eine gefettete Auflaufform füllen und im vorgeheizten Backofen bei höchstens 150 Grad ca. 30 Minuten backen.

7 Warm oder kalt als Nachspeise reichen. Dazu paßt Schlagsahne mit Krokant.

444 kcal *1857 kJ*

PYREX

Gesammelt in der Natur

Was uns der Wochenmarkt gar nicht oder nur für teures Geld bietet, was unseren Speiseplan um interessante Nuancen bereichert, was uns möglicherweise an Vitaminen, Mineralien, Eiweißen, Fettsäuren oder Ballaststoffen noch fehlt, was einmal anders schmeckt und noch dazu gesund ist, finden wir bei unseren Spaziergängen in der Natur.

Kaum ist der letzte Schnee verschwunden, sind schon die zarten Blätter von Gänseblümchen, Löwenzahn und Sauerampfer, Schafgarbe und Wegerich zu finden. Sie ergeben die ersten frischen Beilagen, die um so zarter schmecken, je jünger die Pflanzen sind. Jedoch im Laufe des Jahres, wenn die Pflanzen dann wachsen, blühen, reifen, kommen immer wieder andere Pflanzenteile zur Verwendung. Welche Teile der Pflanzen, die in diesem Kochbuch vorgestellt werden, man wann und wo sammeln kann, wird in der Tabelle auf Seite 154 dargestellt. Dabei wird kurz der Wert für die Gesundheit angegeben, damit sich der Rezeptteil ausschließlich mit der Zusammenstellung von ernährungsphysiologisch ausgewogenen und dabei schmackhaften Gerichten befassen kann.

Birke

Diesen Baum – das Unkraut des Waldes – findet man nahezu überall und in unterschiedlichen Arten, die alle verwendet werden können. Man erntet die ganz jungen Birkenblätter und mischt sie in Salaten mit anderen Gemüsen. Sie wirken harntreibend und entwässernd.
Zwar ist die beste Erntezeit im Mai, Juni, aber auch später lassen sich die kleinsten Blätter noch gut in Mischgemüsen verwenden.

Brennessel

Durch seinen Reichtum an Vitaminen und dem hohen Gehalt an Mineral- und Faserstoffen verdient dieses Wildgemüse besondere Beachtung im Hinblick auf seine heilkräftigen Wirkungen. Durch die Brennhaare bedingt, kann man die Pflanze nur gekocht verwenden.

Brunnenkresse
Kresse

An Bächen und Gräben wächst Brunnenkresse, deren Blätter ein beliebter Bestandteil in Salaten und Gemüsen sind. Ab März ist sie in der Natur zu finden und bis zum späten Herbst zu ernten. Kresse läßt sich aber auch problemlos auf der Fensterbank ziehen (Garten- oder Gesundheitskresse) und wird das ganze Jahr über preisgünstig in kleinen Keimschalen angeboten.
Sie ist reich an Vitaminen (besonders des Vitamins-C) und Mineralstoffen.

Gänseblümchen

Von der ersten Frühlingstagen bis zu den späten Herbstfrösten begleitet uns diese Pflanze auf allen Wesen, Wegrändern und Grasplätzen. Gesammelt werden sowohl Blüten als auch Blätter. Beide sind hervorragend geeignet zu Salaten, Gemüsen und Suppen. Das unscheinbare Blümchen ist also eine willkommene Bereicherung des Küchenplanes. Ganz nebenbei aber auch eine – wie viele Wildgemüse – durch mannigfache Stoffe heilkräftig wirkende Pflanze.

Giersch

An Wiesen- und Wegesränder finden wir diese zu Unrecht als Unkraut verachtete Pflanze. Sie bietet uns die Möglichkeit, schon früh im Jahr aus ihren ersten zarten Blättern ein wohlschmeckendes Gemüse oder einen vitaminreichen Salat zu machen. Beide kommen unserer Gesundheit gerade im Frühling besonders zugute. Später im Jahr wird der Geschmack der Blätter für den Verzehr zu herb.

Gundermann

Die jungen Blätter des Gundermann, der an allen Wiesen und Wegränder zu finden ist, geben feingehackt und sparsam dosiert einem Frühlingssalat die charakteristische Würze, und sie versorgen den Körper reichlich mit Mineralstoffen und Vitamin C.

Holunder

An Wald- und Wegrändern finden wir den Holunderbusch.
Im Frühjahr sind die zarten Blüten, der „Flieder", beliebt in Crepes oder Fliederküchlein. Man stellt mit ihnen auch Holunderwein oder Holundersekt her.

Huflattich

Als einer der ersten Frühlingsblüher, noch bevor seine Blätter aus der Erde treiben, bringt der Huflattich gelbe Blüten auf einem filzigen, geschuppten Blütenschaft hervor. Er gilt als Standortanzeiger für lehmige, tonige Erde und ist als gedämpftes Gemüse zu verwenden. Hier wie in der Heilkunde bedient man sich sowohl der Blüten als auch später der ganz jungen Blätter.

Kerbel

Eine beliebte Würzpflanze, die wir kultiviert im Garten finden, oder die als wilde Pflanze auf Wiesen und an Wegrändern wächst, ist Kerbel. Da er hochgiftige Verwandte hat, sollte man sich auf die Verwendung des zart nach Anis schmeckenden Gartenkerbels beschränken. Man würzt mit den Blättchen Suppen, Saucen, Salate und Gemüse. Für die Gesundheit ist seine entzündungshemmende und blutreinigende Wirkung erwähnenswert.

Sauerampfer

Als Kulturpflanze längst bekannt in der feinen Küche, hat auch der wild vorkommende Sauerampfer hier seinen unbestrittenen Platz. Überall auf den Wiesen finden wir ihn vom April bis in den Herbst. Als Heilpflanze genießt er den Ruf, gegen Verdauungsstörungen, Skorbut und ähnliches zu wirken.

Schafgarbe

Die zartgefiederten Blättchen der Schafgarbe sind an Wegrändern und in Wiesen zu finden. Sie wirken blutreinigend und helfen gegen Gicht und Rheuma. Man kann sie von März bis Oktober finden und verwenden, doch schmecken die Blätter später herber als die ersten zarten im Frühjahr. Man verarbeitet sie roh oder gekocht zu Gemüsen, Salaten und Suppen.

Spitz-/Breitwegerich

Auf Wiesen und Ödland ist der Wegerich zu finden. Zwar kann man seine Heilkraft bis in den späten Herbst hinein nutzen, doch ist er für Gemüse und Salate am schmackhaftesten, wenn die Blättchen noch sehr klein und vor der Blüte geerntet werden, also von März bis Mai. Spitz- und Breitwegerich unterscheiden sich weder im Geschmack, noch in ihren Inhaltsstoffen, nur die Blätter des einen sind lanzettartig, die des anderen breitoval.

Knoblauchrauke

Als appetitanregendes Kraut entfaltet die Knoblauchrauke überall da seine Würz- als auch heilwirkende Kraft, wo auch Knoblauch angebracht wäre. Sie ist vielseitig in Salaten oder Gemüsen und Suppen zu verwenden, und wer mit offenen Augen Hecken, Wiesen- und Waldränder oder auch Schuttplätze betrachtet, kann das weißblühende Kraut kaum übersehen.

Löwenzahn

Eine der populärsten Pflanzen ist zweifelsohne der Löwenzahn, der zumeist nur als lästiges Unkraut angesehen wird, jedoch als Kulturpflanze inzwischen tafelfein wurde. Anzutreffen ist der Löwenzahn überall und hat das ganze Jahr über seine Bedeutung. Für die Küche jedoch sind die ersten kleinen, noch ganz zart schmeckenden Blätter vor der Blüte zu bevorzugen.

Pimpinelle

An Wiesen- und Wegrändern auf kalkhaltigen Böden wächst die Pimpinelle. Von März bis Oktober können ihre Blätter geerntet werden, sie dienen als Würze in Kräutermischungen und -saucen wie z.B. der Frankfurter Grünen Sauce oder als Bestandteile von Salaten.
Der Geschmack ist leicht gurkenartig, sie wirkt verdauungsfördernd und appetitanregend.

Waldmeister

Der aromatische Geruch dieses Krautes, das im Mai als Bowlenaroma beliebt ist, stammt vom Cumarin, das im ganzen Kraut, aber auch besonders in der Blüte vorkommt. In geringen Mengen wirkt es antiseptisch und beruhigend, hat aber, in größeren Mengen genossen, eine leicht unverträgliche Wirkung und sollte daher hauptsächlich vor der Blüte gesammelt werden.

Wiesenschaumkraut

Im Geschmack ähnelt das zart-lila blühende Kraut Kresse und Hirtentäschel und wird in der Küche wie diese zu Salaten, in Kräutermischungen und Kräutersaucen verwendet. Man findet es in feuchten Wiesen. Erntezeit ist hauptsächlich März, April und Mai, dabei sind die Blätter wie auch die Blüten genießbar.

Ysop

Früher war dieses Kraut ein bekanntes Würzmittel, das dann in Vergessenheit geriet. Nur für die Likörherstellung und als Heilpflanze, die unter anderem blutreinigend und verdauungsfördernd wirkt, ist es immer verwendet worden. Heute wird die Pflanze wieder angeboten, man kann sie als Topfpflanze kaufen oder im Garten selber ziehen. Man würzt damit Suppen, Salate und Saucen oder auch Fleisch- und Fischgerichte.

Fenchel
Erbsen
Meerrettich

Marktbummel im Sommer

Sommer

21. Juni – 22. September

Die Frühlingsgemüse begleiten uns in den Sommer. Ihre anfängliche Zartheit, oft bedingt durch Unreife, weicht mit zunehmender Reife einem robusterem Zellgefüge und macht sie für deftigere Gerichte mit längerer Garzeit brauchbar. Doch kommen neue Sommergemüse dazu. Noch ist der Spargel zu finden, da wird schon der junge Wirsing angeboten, junger Weißkohl, die ersten dickeren Sellerieknollen und Lauch. Für Artischocken und Auberginen, Paprika, Zucchini und Fenchel, zwar nicht bei uns heimisch, doch lange schon keine Fremden mehr auf unseren Märkten, sind jetzt die Preise günstig.

Die Kräuter haben Saison: Bohnenkraut, Majoran, Thymian, Salbei und Rosmarin erweitern das übliche Sortiment von Petersilie, Schnittlauch und Kresse.

Der Marktbummel im Sommer

Aprikosen
Die meisten der hier angebotenen Früchte kommen aus dem Mittelmeerraum. Bei uns findet die Ernte im Juli/August statt. Sie kommen meist halbreif in den Handel, da sie reif kaum haltbar sind.

Artischocke
Artischocken sind die großen Köpfe einer Distel, die im Mittelmeerraum wächst und vor der Blüte geerntet wird. Sie werden gekocht gegessen, wobei nur der fleischige untere Teil der Blüten und der Blütenboden genießbar sind.

Bohnen
Nach den ersten zarten Frühlingsböhnchen werden jetzt die dickeren, festeren Sorten angeboten, die sich hervorragend zum Einmachen oder Einfrieren für den Winter eignen, in Eintöpfen und als Gemüse ihre Verwendung finden oder als Schnippelbohnen eingesalzen werden können.

Endiviensalat
Im Spätsommer und Herbst wird der Endiviensalat mit seinen verschiedenen Sorten angeboten. Er ist im Gegensatz zum Kopfsalat wesentlich reicher an Vitaminen und Mineralstoffen und bietet auch noch im Winter eine wertvolle Bereicherung unseres Speiseplanes.

Fenchel
Seine Heimat sind die Mittelmeerländer. Die verdickten, fleischigen Blattstiele werden als Gemüse oder Salat zubereitet. Er ist reich an Vitamin C, wird ab Sommer bis zum Frühjahr angeboten und ist nur begrenzt lagerungsfähig.

Gurken
Im Sommer erscheinen neben den ganzjährig angebotenen Schlangengurken die kleinen Einmachgurken, zum Herbst hin die größeren gelben vollausgereiften, die man als Schmorgurken oder zu Senfgurken verwenden kann.

Heidelbeere
Diese an Fruchtsäuren und Mineralstoffen reichen Beeren werden in den Wäldern gesammelt, was sie zu relativ teuren Früchten macht, wenn man sie nicht selber sammelt oder im Garten anbaut.

Himbeere (Gartenhimbeere)
Im Mai blühen sie und sind je nach Sorte im Juni oder Anfang Juli zu ernten. Als frische Früchte sind sie nicht lagerungsfähig, doch eignen sie sich hervorragend zum Einfrieren. Sie enthalten die Vitamine A und C und sind als Diätkost für Zucker- und Nierenkranke wie auch für Rheumatiker zu empfehlen.

Johannisbeere
Die roten und die weißen Beeren enthalten viel Vitamin C und eine Reihe von organischen Säuren, die unter anderem belebend und erfrischend wirken. Sie eignen sich für eine Diabetes-Diät, da sie nur Einfachzucker enthalten. Die schwarze Johannisbeere hat darüberhinaus noch das Vitamin J mit seiner hohen antibakteriellen Wirkung vorzuweisen.

Karotten
Die im Sommer angebotenen Karotten eignen sich jetzt sowohl zum Sofortverzehr und für Saft, Gemüsemus oder Eintöpfe als auch zum Einfrieren und für die Lagerhaltung.

Kartoffeln
Die ersten kleinen neuen Kartoffeln kann man – nach sorgfältiger Säuberung mit ihrer zarten Schale gegart – ungepellt essen. Der Gesundheitswert der Kartoffel ist beachtlich, unter anderem durch den hohen Vitamin-C-Gehalt, der selbst nach dem Kochen noch in reichlichem Maße vorhanden ist.

Kirsche
Die Herzkirsche ist die erste auf dem Markt und sehr gut zum Rohverzehr wie auch zum Einmachen oder Einfrieren geeignet.

Meerrettich
Zum Spätsommer werden die frischen Meerrettichstangen angeboten. Sie lassen sich gut lagern, aber auch ebenso gut einfrieren. Ihr hoher Anteil an Senfölen bestimmt den durchdringend scharfen Geschmack. Sie sind reich an Vitamin-C, wirken verdauungsfördernd und appetitanregend.

Melone
Die zweifellos preisgünstigste ist die Wassermelone, deren schwarze Kerne durchaus mitgegessen werden können.

Pfifferlinge
Sie haben einen würzigen, pfeffrigen Geschmack. Ende August bis September werden sie auf den Märkten frisch angeboten. Anders als den Champignon sollte man den Pfifferling nicht roh verzehren, da er zu Unverträglichkeit führt.

Pfirsich
Die im Inland angebauten Pfirsiche werden von Juli bis September geerntet. Ihr Fleisch ist weiß bis gelb, süßsaftig und aromatisch. Eine besondere Züchtung mit glatter, unbehaarter Schale ist die Nektarine.

Pflaumen
Sie kommen in verschiedenen Sorten auf den Markt: als Zwetschgen, Mirabellen, Reineclauden. Sie schmecken frischsäuerlich, saftig aromatisch und je nach Sorte mehr oder minder süß. Sie werden zu Mus ebenso verwendet wie zur Herstellung von Pflaumengeist und -branntwein.

Gemüse	Obst Früchte	Fisch	Schlachtfleisch Geflügel Wild
Artischocke, Aubergine	Äpfel	Forelle	außer dem üblichen Schlachtfleisch:
Blumenkohl	Aprikosen	Goldbarsch	Hammel
Bohnen	Bananen	Hecht	Lamm
Champignons	Birnen	Kabeljau	Hähnchen
Endiviensalat	Brombeeren	Lachs	Poularde
Erbsen	Erdbeeren	Rotbarsch	Suppenhuhn
Fenchel	Grapefruit	Rotzunge	Taube
Gurke	Himbeeren	Schellfisch	Junghase
Karotten	Johannisbeeren	Seelachs	Kaninchen
Kartoffeln	Melonen	Seezunge	
Kohlrabi	Pfirsiche		
Kopfsalat	Pflaumen		
Meerrettich	Preiselbeeren		
Paprika	Stachelbeeren		
Pfifferlinge	Trauben		
Porree			
Radieschen/Rettich			
Sellerie	junger Weißkohl		
Spinat	junger Wirsing		
Steinpilze	Zucchini		
Tomaten	Zwiebel		

Seelachs

Er gehört zu den preisgünstigen Seefischen, die fast das ganze Jahr über angeboten werden. In der Regel ist sein Fleisch auf der Oberfläche dunkler als das eines Rotbarsches oder Schellfisches, doch darf ein frisches Filet niemals grau aussehen, sondern eher leicht violett.

Stachelbeere

Sie gehören zur gleichen Familie wie die Johannisbeeren und haben ähnliche Wirkstoffe, unter anderem den hohen Vitamin-C-Anteil, die organischen Säuren und beachtliche Mengen an Einfachzucker. Ferner wirken sie durch ihren Kaliumgehalt harntreibend, sollten aber nur ganz reif gegessen werden.

Tomaten

Der überwiegende Anteil der Inlandsernte stammt aus Anbau unter Glas, so daß Tomaten schon sehr früh angeboten werden. Solange sie noch grün sind, enthalten sie giftiges Alkaloid, die reifen Früchte aber haben einen bedeutenden Gehalt an Fruchtsäuren, Vitaminen und Mineralstoffen.

Zucchini

Dieses Gemüse gehört zu den Kürbisarten, ist gurkenähnlich geformt, kommt grün oder gelb auf den Markt und gedeiht auch hervorragend im eigenen Garten. Man sollte allerdings recht früh ernten, bevor eine Zucchini voll ausgereift ist. Zucchini können jung roh und gekocht zu Salaten, Gemüse und Eintöpfen verwendet werden.

Zwiebeln

Die Zwiebel erscheint im Frühjahr als Frühlingszwiebel, jetzt wird sie uns als lagerungsfähiges Gemüse ganzjährig angeboten.

Bei Fleisch, Fisch und Geflügel ist das Angebot beinahe gleichgeblieben. Statt der Stubenküken gibt es hier und da Perlhühner und Tauben, doch sind sie nicht unbedingt spezifisch für den Sommer, und ab August ist auch schon Wild zu finden.

An den Obstständen kommen die ersten Beerenfrüchte aus Garten und Wald dazu: Johannisbeeren, Stachelbeeren, Himbeeren, Blaubeeren und Brombeeren. Steinfrüchte wie Kirschen, Aprikosen und Pflaumen laden zum Hineinbeißen ein; Melonen, Grapefruits und frische Feigen bereichern als Exoten das Angebot.

Das Sommermenü

Frischer Lachs mit Fenchel

200 g frischer Lachs am Stück,
2 kleine Fenchelknollen,
1/4 Liter Brühe,
1 Teelöffel Zitronensaft,
1 Becher Crème fraîche,
1/2 Teelöffel Senfpulver,
2 Schalotten,
1 ungespritzte Orange,
1 Bund Kerbel,
Salz,
Cayennepfeffer,
etwas Cognac

1 Lachs in Scheiben schneiden, diese zwischen zwei Stücke Frischhaltefolien legen und mit einer Kuchenrolle dünn ausrollen.

2 Fenchel putzen, waschen, halbieren und in etwas Brühe ca. 5 Minuten kochen, dann in der Brühe auskühlen lassen, Zitronensaft dazugeben.

3 Crème fraîche mit Senfpulver verrühren.

4 Schalotten abziehen, mit einer Reibe sofort in die Crème fraîche reiben und unterrühren, um zu vermeiden, daß sie bitter werden.

5 Orange hauchdünn schälen, Schalen in feine Streifen schneiden.

7 Kerbel waschen, einige Blättchen zur Dekoration zurückbehalten, die restlichen feinhacken.

8 Crème fraîche mit Kerbel, Salz, Cayennepfeffer und etwas Cognac pikant abschmecken.

9 Fenchel in Streifen schneiden, mit Lachsscheiben, Orangenschalenstreifen, Kerbelcreme und ein paar Blättchen Kerbel garniert servieren.

194 kcal *809 kJ*

Erbsensamtsuppe mit Minze und Melisse

1/2 Bund Pfefferminze,
1/2 Bund Melisse,
1/2 Liter Brühe,
300 g Erbsen (ausgepalt),
1/2 ungespritzte Zitrone,
1 Becher Crème fraîche,
2 Eßlöffel japanische Soja-Sauce,
Muskat,
Tabasco,
Worcestersauce,
2 cl trockener Sherry

1 Pfefferminze und Melisse waschen, Blätter abschneiden, (einige Blättchen zum Garnieren zurückbehalten).

2 Brühe erhitzen. Erbsen ca. 10 Minuten darin kochen, dann mit abgeriebener Zitronenschale, Saft der Zitrone, Minze und Melisseblättchen im Mixer pürieren.

3 Crème fraîche unterrühren.

4 Mit Soja-Sauce, einer Prise Muskat, einigen Spritzern Tabasco und Worcestersauce pikant abschmecken und mit Sherry aromatisieren.

5 Mit Melisse oder Minzblättchen garniert servieren.

199 kcal *832 kJ*

Taubenbrüstchen mit Hirse und Hopfen

1 Bund Suppengrün,
4 Tauben,
80 g Butter oder Margarine,
Salz,
1 Prise Ingwer,
150 g Hirse,
1 Zwiebel,
1/2 rote Paprikaschote,
2 Eßlöffel gemischte, gehackte Kräuter:
Petersilie, Thymian, etwas Majoran,
Knoblauchrauke, Cilantro (Koriandergrün),
4 Eßlöffel japanische Soja-Sauce,
1 Becher Crème fraîche,
100 g Champignons,
500 g Hopfenblätter
(ersatzweise 4 Salatherzen),
Pfeffer,
2 cl Pernod,

1 Prise Anis,

1/2 Teelöffel grüner Pfeffer,

10 g Stärke,

2 Eßlöffel Rotwein,

2 Eßlöffel Orangenöl,

2 Eßlöffel Haselnüsse

1 Suppengrün putzen, waschen und kleinschneiden.

2 Taubenbrüstchen vom Knochen lösen und zur weiteren Verwendung beiseite stellen. Karkassen (Knochengerüst) zerkleinern, Schenkel abhacken. Alle Teile in etwa 20 g Butter oder Margarine zusammen mit Suppengrün anrösten, mit ca. 2 Liter Wasser auffüllen, etwas Salz und eine Prise Ingwer zugeben und etwa 4 Stunden ohne Deckel leise köcheln lassen.

3 Hirse ca. 10 Minuten einweichen. Zwiebel abziehen und feinhacken.

4 Hirse zusammen mit Brühe und Zwiebelwürfeln ca. 20 Minuten kochen.

5 Paprikaschote waschen, entkernen, weiße Teile entfernen und feinwürfeln.

6 5 Minuten vor Ende der Garzeit Paprikawürfel zusammen mit Kräutern und Soja-Sauce zur Hirse geben. Hirse warmstellen.

7 Vor dem Servieren Crème fraîche unterziehen.

8 Champignons putzen, waschen und feinblättrig schneiden.

9 Hopfenblätter (oder Salatherzen) waschen. Stiele (oder Strunk) entfernen (Salatherzen halbieren). Champignons und Hopfenblätter bis zur Verwendung beiseite stellen.

10 40 g Butter oder Margarine erhitzen, Taubenbrüstchen salzen, pfeffern und bei geringer Hitze ca. 15 Minuten von beiden Seiten braten, mit Pernod ablöschen. Taubenbrüstchen warmstellen.

11 Champignonscheiben im Bratenfond kurz andünsten, mit 1 Prise Anis würzen, grünen Pfeffer dazugeben.

12 Bratenfond mit ca. 3/4 Liter Taubenbrühe ablöschen, dabei auch alle braunen Teile vom Pfannenrand unter Rühren lösen, kräftig kochen lassen bis die Flüssigkeit auf gut 1/3 Liter verdampft ist.

13 Stärke in Rotwein anrühren, in Fond geben, aufkochen lassen. Sauce warmstellen.

14 Orangenöl mäßig erhitzen, vorbereitete Hopfenblätter (oder Salatherzen) nur ganz kurz darin andünsten, zart salzen und pfeffern.

15 Auf vorgewärmten Tellern Hopfenblätter (oder Salatherzen) arrangieren, mit Haselnüssen bestreuen. Hirse daraufgeben. Brüstchen schräg in Scheiben schneiden, dazulegen, mit 1 Eßlöffel Sauce überziehen.

16 Restliche Sauce in einer vorgewärmten Sauciere dazureichen.

661 kcal *2762 kJ*

Pikanter Fruchtsalat Rue Servandoni

1/2 Wassermelone,

1/4 Liter Portwein (weiß),

4 Aprikosen,

1/2 grüne Paprikaschote,

1 Becher Joghurt,

4 Eßlöffel Sahne,

1 Prise Zimt,

4 Teelöffel brauner Zucker

1 Mit einem Kugelausstecher Melonenkugeln herstellen und sie in Portwein ca. 20 Minuten (im Kühlschrank) marinieren.

2 Aprikosen heiß überbrühen, die Haut abziehen, Früchte halbieren, entsteinen und in Spalten schneiden.

3 Paprikaschote waschen, entkernen, die weißen Teile entfernen und Schote in sehr feine Streifen schneiden.

4 Joghurt mit Sahne und etwas Portweinmarinade vermischen und mit einer Prise Zimt abschmecken.

5 Melonenkugeln, Aprikosenspalten und Paprikastreifen auf vier Gläser verteilen, Joghurt dazugeben, je einen Teelöffel braunen Zucker darüberstreuen und servieren.

108 kcal *451 kJ*

Porree-Spinat-Salat in Sesamdressing

500 g frischer Spinat (kleine Blätter),
3 Stangen Porree,
3 Eßlöffel japanische Soja-Sauce,
1 Eßlöffel Senf,
Pfeffer,
Muskat,
1 Messerspitze Senfpulver,
1 Knoblauchzehe,
6 Eßlöffel Distelöl,
Sesamöl,
2 Eßlöffel Sesamsamen

1 Spinat verlesen, die groben Stiele entfernen, gründlich waschen und abtropfen lassen.

2 Porree putzen, die dunkelgrünen Teile entfernen, waschen und in Ringe schneiden.

3 In kochendem Salzwasser kurz blanchieren und kalt abbrausen.

4 Aus Soja-Sauce, Senf, den übrigen Gewürzen, der abgezogenen, zerdrückten Knoblauchzehe, Distelöl und nur ein paar Tropfen Sesamöl eine Salatsauce herstellen.

5 Spinatblätter und Porreeringe auf vier Schüsseln verteilen, die Sauce darübergeben und mit Sesamkörnern bestreut servieren.

234 kcal *979 kJ*

Zucchini-Gurken-Salat mit Zitronen-Joghurt-Dressing

250 g Brunnenkresse,
1 Handvoll Blaubeerblätter
(nur ganz junge Blätter),
1 Schlangengurke,
2 gelbe Zucchini,
2 Becher Joghurt,
1 ungespritzte Zitrone,
2 Stengel Zitronenmelisse,
Salz,
Pfeffer,
Zucker

1 Alle Salatzutaten gründlich waschen. Brunnenkresse und Blaubeerblättchen in kleinere Stücke zupfen.

2 Schlangengurke und Zucchini in feine Scheiben schneiden und in einer Schüssel anrichten.

3 Für das Dressing Joghurt mit abgeriebener Zitronenschale und dem Saft der Zitrone würzen.

4 Zitronenmelisse kleinhacken, dazugeben, und das Dressing mit Salz, Pfeffer und Zucker kräftig abschmecken und über den Salat gießen.

83 kcal *337 kJ*

Tip

Das hocharomatische Sesamöl ist in den großen Feinkostabteilungen der Supermärkte zu bekommen.
Es schmeckt intensiv nach gerösteten Nüssen. Dank seiner starken Würzkraft, sind zum Aromatisieren immer nur drei bis vier Tropfen notwendig – mehr als diese würden alle anderen Geschmackszutaten „erschlagen“.

Bunter Salat mit Kapern

200 g Staudensellerie,
500 g Tomaten,
1 kleine Schlangengurke,
1 Apfel,
2 Zwiebeln,
4 Eßlöffel Kräuteressig,
6 Eßlöffel Kräuteröl,
2 Eßlöffel japanische Soja-Sauce,
Pfeffer,
2 Eßlöffel gehackter Dill,
2 Eßlöffel gehackte Petersilie,
1 Teelöffel Honig,
1 kleines Glas Kapern

1 Sellerie waschen, putzen und in Streifen schneiden.

2 Tomaten waschen, vom Stielansatz befreien und achteln.

3 Gurke waschen und hobeln.

4 Äpfel schälen, halbieren, entkernen und in Würfel schneiden.

5 Zwiebel schälen und in Ringe schneiden.

6 Die vorbereiteten Zutaten in eine Schüssel geben. Essig, Öl, Soja-Sauce, Pfeffer, Kräuter und Honig verrühren, die Marinade über den Salat gießen und die Kapern darüberstreuen.

202 kcal *844 kJ*

Knackiger Blumenkohlsalat mit Camembert-Streifen

1/2 Blumenkohl,
200 g Champignons,
4 Tomaten,
200 g Camembert,
100 g Walnusskerne,
1/4 Liter Kefir oder Joghurt,
1 Eßlöffel Zitronensaft,
1/2 Teelöffel Honig,
abgeriebene Schale einer ungespritzten Zitrone,
1 Eßlöffel japanische Soja-Sauce,
20 g Meerrettich (frisch gerieben oder aus dem Glas)

1 Blumenkohl in Röschen zerteilen. Röschen in ganz zarte Scheiben schneiden.

2 Champignons putzen, waschen, ebenfalls in Scheiben schneiden.

3 Tomaten waschen, vom Stielansatz befreien und achteln.

4 Käse in Streifen schneiden.

5 Alle Salatzutaten auf einem Teller anrichten und die Walnüsse darüber verteilen.

6 Für die Salatsauce Kefir oder Joghurt mit Zitronensaft, Honig, abgeriebener Zitronenschale, Soja-Sauce und Meerrettich abschmecken und separat zum Salat reichen.

447 kcal *1865 kJ*

Feinschmecker-Geflügelsalat mit Saucenpalette

200 g frische Erbsen,
4 Stangen Bleichsellerie (ca. 300 g),
2 Chicoree,
2 Eßlöffel Zitronensaft,
2 Orangen,
200 g Kirschen,
300 g gekochtes Geflügel (ohne Haut)

1 Erbsen auspalen.

2 Selleriestangen putzen, waschen, in feine Scheiben schneiden, etwas Grün von den Blättern in Streifen schneiden und ein paar zur Dekoration aufheben

3 Chicoree putzen, waschen, halbieren, den bitteren Strunk herausschneiden, die Blätter in Streifen schneiden und sofort mit Zitronensaft beträufeln.

4 Orangen schälen (wie einen Apfel) und in Scheiben schneiden.

5 Kirschen waschen, eventuell Steine entfernen.

6 Geflügelfleisch kleinschneiden.

7 Alle Salatzutaten in einer Schüssel arrangieren.

132 kcal *553 kJ*

Dazu folgende drei Salatsaucen reichen:

Sauce I

2 Knoblauchzehen,
4 Pfefferkörner,
2 Eßlöffel Olivenöl,
Saft einer Zitrone,
1 Becher Joghurt,
50 g Schafskäse,
1 Scheibe magerer Räucherspeck,
1 grüne Paprikaschote

1 Knoblauchzehen abziehen und mit den Pfefferkörnern im Mörser zerdrücken.

2 Olivenöl dazugeben und mit Knoblauch und Pfeffer zu einer Paste verrühren.

3 Joghurt und Schafskäse mit dem Mixstab pürieren, und die Knoblauchpaste dazugeben.

4 Räucherspeck in kleine Würfel schneiden und in einer Pfanne kross anbraten, dann auf Küchenkrepp legen.

5 Paprikaschote waschen, einen Deckel abschneiden und Schote mit einem Löffel entkernen. Der Boden muß dicht bleiben.

6 Salatsauce in die Schote füllen und mit Speckwürfeln servieren.

136 kcal *568 kJ*

Sauce II

2 Eßlöffel gehackte gemischte Kräuter:
Petersilie, Schnittlauch,
Thymian, Zitronenmelisse,
150 g Quark,
2 Eßlöffel Sonnenblumenöl,
1 Eßlöffel Zitronensaft,
abgeriebene Schale einer unbehandelten
Zitrone,
1 Teelöffel Honig,
2 Eßlöffel japanische Soja-Sauce,
1 Prise Ingwer,
Cayennepfeffer,
1 rote Paprikaschote,
1 Teelöffel gehacktes Ei

1 Kräuter mit allen Saucenzutaten gründlich vermischen. Ei zum Garnieren zurückbehalten.

2 Paprikaschote waschen, einen Deckel abschneiden, und die Schote vorsichtig entkernen.

3 Sauce in die Schote füllen und mit etwas gehacktem Ei bestreut servieren.

137 kcal *573 kJ*

Sauce III

1 Eßlöffel Haselnüsse,
3 Eßlöffel Zitronenessig,
1 Teelöffel scharfer Senf,
6 Eßlöffel Walnußöl,
2 Eßlöffel gehackter Kerbel,
Pfeffer aus der Mühle, Salz,
1 rote Paprikaschote

1 Haselnüsse mit Zitronenessig, Senf und Öl im Mixer oder mit dem Mixstab pürieren.

2 Kerbel untermischen, Sauce kräftig pfeffern, sparsam salzen und gut durchziehen lassen.

3 Paprikaschote waschen, einen Deckel abschneiden und die Schote vorsichtig entkernen. Der Boden muß dicht bleiben.

4 Sauce in der Schote servieren.

Salat L'air d'été

4 kleine Zucchini,
4 Zucchiniblüten,
1 Kopf Frisee,
500 g sehr kleine Tomaten,
1 Bund Brunnenkresse,
1 Teelöffel gehacktes Koriandergrün (Cilantro),
4 Eßlöffel Zitronensaft,
1 Teelöffel Honig,
Salz,
2 Eßlöffel Distelöl,
4 Eßlöffel Soja-Öl,
Blüten von Borretsch zum Garnieren

1 Zucchini waschen, in Scheiben schneiden und in etwas Salzwasser kurz aufkochen, dann kalt überspülen und abtropfen lassen.

2 Zucchiniblüten waschen und in Streifen schneiden.

3 Frisee putzen, waschen, in mundgerechte Stücke zupfen.

4 Tomaten waschen und vierteln.

5 Brunnenkresse putzen, waschen, die harten Stiele entfernen.

6 Alle vorbereiteten Zutaten dekorativ auf vier Teller verteilen.

7 Aus Koriandergrün, Zitronensaft, Honig, etwas Salz und dem Öl eine Sauce mischen, über den Salat gießen.

8 Mit Borretschblüten garniert servieren.

194 kcal *811 kJ*

Leichter Kartoffel-Gemüsesalat

500 g gekochte Kartoffeln vom Vortag,
200 g grüne Bohnen,
2 Zwiebeln,
1 rote Paprikaschote,
1/2 Schlangengurke,
1 kleine Dose Mais,
1/4 Liter Brühe,
3 Eßlöffel Kräuteressig,
1 Prise gemahlener Kümmel,
Pfeffer,
1 Knoblauchzehe,
4 Eßlöffel Öl,
1 Eßlöffel gehackte Sellerieblätter

1 Kartoffeln in mittelgroße Würfel schneiden.

2 Bohnen waschen, in Stücke brechen, Zwiebeln abziehen, in Ringe schneiden, beides in kochendem Salzwasser ca. 5 Minuten blanchieren. Kalt abbrausen.

3 Paprikaschote waschen, halbieren, entkernen und die weißen Teile entfernen, Schote in Streifen schneiden.

4 Schlangengurke waschen und fein hobeln.

5 Mais auf einem Sieb abtropfen lassen.

6 Alle vorbereiteten Salatzutaten in einer Schüssel arrangieren.

7 Brühe, Essig, Kümmel und Pfeffer verrühren und erhitzen, heiß über den Salat geben, erkalten und gut durchziehen lassen.

8 Knoblauchzehe abziehen, zerdrücken, mit Öl zu einer Paste verarbeiten.

9 Paste unter den erkalteten Salat ziehen. Mit Sellerieblättern bestreut servieren.

298 kcal *1245 kJ*

Tip

Zucchini gibt es in gelb und grün. Sie lassen sich leicht im Garten ziehen und wachsen zu beträchtlichen Größen heran. Das ist dem Geschmack und der Zartheit des Gemüses abträglich. Man sollte sie darum ganz früh ernten, wenn sie die Größe einer kleinen Einmachgurke erreicht haben.

Zitronen-Zucchini-Creme

2-3 Zucchinis (je nach Größe),
2 ungespritzte Zitronen,
3/4 Liter entfettete Geflügelbrühe,
1/8 Liter Sahne,
Saft einer Orange,
Tabasco,
1 Blatt Salbei,
2 Zweige Zitronenmelisse

1 Zucchinis waschen und kleinschneiden.

2 Zitronenschale abreiben, Zitronensaft auspressen.

3 Brühe erhitzen und Zucchinistücke kurz darin ziehen, in der Brühe erkalten lassen, Zitronenschale und Saft dazugeben und mit dem Mixstab oder im Mixer pürieren.

4 Sahne leicht anschlagen, mit dem Saft der Orange zur Zucchinicreme geben, mit einigen Spritzern Tabasco würzen.

5 Salbeiblatt und Zitronenmelisse waschen (vier Blätter zum Garnieren zurückbehalten) und sehr fein hacken.

6 Kräuter in die Cremesuppe geben, kalt mit einem Melisseblättchen garniert servieren.

74 kcal *310 kJ*

Geeiste Gurkensuppe

Gurke waschen und in Stücke schneiden. Mit abgezogener Knoblauchzehe und fettloser Brühe pürieren (Mixer oder Mixstab).

Mit Joghurt, Gewürzen und Zitronensaft abschmecken.

1 Schlangengurke,
1 Knoblauchzehe,
1/2 Liter entfettete Brühe,
250 g Joghurt,
Salz,
Pfeffer,
1 Teelöffel Zitronensaft,
abgeriebene Schale einer
unbehandelten Zitrone,
Kräutersträußchen von Pimpinelle, Dill
oder Kerbel
oder Schnittlauch und Petersilie

1 Gurke waschen, in Stücke schneiden, mit abgezogener Knoblauchzehe und der Brühe im Mixer pürieren.

2 Joghurt unterrühren.

3 Mit Salz, Pfeffer, Zitronensaft und Zitronenschale würzen.

4 Mit feingehackten Kräutern bestreut kalt auf gestoßenem Eis servieren.

Diese Suppe schmeckt auch warm mit angerösteten Brotwürfeln serviert.

56 kcal *232 kJ*

Blumenkohl-Curry-Suppe mit Kokosraspeln

1 kleiner Blumenkohl,
1 Liter Geflügelbrühe (fettlos),
1 Zwiebel,
1 Eßlöffel Öl,
2 Teelöffel Currypulver,
1/8 Liter Sahne,
Muskat,
2 Eßlöffel japanische Soja-Sauce,
2 cl Batida de Coco
(oder ein ähnliches Kokosgetränk,
z.B. Pina Colada),
2 Eßlöffel geröstete Kokosraspeln

1 Blumenkohl putzen, waschen, in Röschen zerteilen, zarte Teile des Strunks mitverwenden.

2 Brühe erhitzen, Blumenkohl darin ca. 10 Minuten kochen. In der Brühe erkalten lassen.

3 Zwiebel abziehen, feinwürfeln, in Öl mit Curry kurz andünsten und zum Blumenkohl geben.

4 Einige Röschen des gegarten Blumenkohls zurückbehalten, den Rest im Mixer (oder mit dem Mixstab) pürieren.

5 Sahne in die Cremesuppe geben, und mit einer Prise Muskat, Soja-Sauce und Batida de Coco abschmecken.

6 Kalt – mit angerösteten Kokosraspeln bestreut – servieren.

175 kcal *728 kJ*

Pikante Tomatensuppe

500 g Tomaten,
1 süßer Apfel,
1 Zwiebel,
1 Liter fettlose Brühe,
3 Eßlöffel Oliven-Öl,
4-5 Eßlöffel japanische Soja-Sauce,
2 Zweige Basilikum,
1 Knoblauchzehe,
2 Eßlöffel grobe Haferflocken

1 Tomaten waschen und grob zerkleinern.

2 Apfel waschen, das Kerngehäuse entfernen, Apfel in Stücke schneiden.

3 Zwiebel abziehen und hacken.

4 Alle vorbereiteten Zutaten mit Brühe, 2 Eßlöffeln Oliven-Öl und Soja-Sauce im Mixer pürieren – anschließend durch ein Sieb streichen.

5 Basilikum waschen und fein hacken.

6 Knoblauchzehe abziehen und zerdrücken.

7 Den Rest des Olivenöls kurz erhitzen, Haferflocken und zerdrückte Knoblauchzehe kurz darin anrösten.

8 Suppe kalt auf Eis mit Crème fraîche und darübergestreuten Haferflocken servieren.

200 kcal *837 kJ*

Gazpacho

300 g Tomaten,
2 Zwiebeln,
200 g Salatgurken,
300 g rote und grüne Paprikaschoten,
100 g Weiß- oder Graubrot,
2 Knoblauchzehen,
4 Eßlöffel Rotweinessig,
4 Eßlöffel Oliven-Öl,
1/2 Liter entfettete Fleischbrühe,
1 Liter Tomatensaft,
1 Eßlöffel Ketchup,
Salz,
Pfeffer,
Cayennepfeffer

1 Tomaten mit kochendem Wasser überbrühen und häuten.

2 Geschälte Zwiebeln, Salatgurken, vorbereitete Paprikaschoten und Brot in Würfel schneiden.

3 Einige Gemüsewürfel zur späteren Verwendung beiseite stellen.

4 Knoblauchzehen schälen und zerdrücken.

5 Alle Zutaten mit Essig, Brühe, Tomatensaft, Ketchup und den Gewürzen pürieren.

6 Vor dem Servieren die zurückbehaltenen Gemüsewürfel über die Suppe streuen.

184 kcal *773 kJ*

Tip

Aus diesen Suppen lassen sich auch Saucen zaubern... reduzieren Sie den Flüssigkeitsanteil etwa um die Hälfte, die Gewürze und Aromen dürfen für eine Sauce durchaus kräftiger sein. Sie eignen sich dann als Beigabe zu kalten und warmen Fleisch- und Fischgerichten, zu Gegrilltem oder als Dips.

Tutti-Frutti-Suppe mit viel Früchten

1 kg gemischte Früchte der Saison:
z.B. Äpfel, Aprikosen, Trauben, Himbeeren, schwarze Johannisbeeren, Bananen,
3 Eßlöffel Zucker,
1/4 Liter Weißwein,
1/2 Liter Fruchtsaft (z.B. Apfel oder Orange),
40 g Stärke,
1/8 Liter Sekt

1 Früchte putzen, waschen, wenn nötig kleinschneiden, in eine Schüssel geben und mit Zucker überstreut ziehen lassen.

2 Wein und Orangensaft mischen, erhitzen, mit angerührter Stärke binden und auskühlen lassen.

3 Früchtemischung unterrühren, vor dem Servieren den Sekt dazugeben.

Dazu werden Makrönchen, Sandgebäck oder Russisch-Brot gereicht.

284 kcal *1185 kJ*

Buttermilchkaltschale mit Himbeeren

1 Liter Buttermilch,
30 g Grieß,
1 Prise Salz,
1/2 Teelöffel Anis,
40 g brauner Zucker,
400 g frische Himbeeren,
1/8 Liter Sahne,
Mark 1 Vanilleschote

1 Buttermilch mit Grieß, Salz, Gewürzen und Zucker erhitzen.

2 Kräftig rühren, damit die Suppe nicht gerinnt.

3 Auskühlen lassen und mit gewaschenen, verlesenen Himbeeren bestreuen.

4 Vanillemark mit Sahne etwas verschlagen und zur Buttermilchsuppe reichen.

215 kcal *900 kJ*

Kefirsuppe mit Heidelbeeren und Walderdbeeren

2 Becher Kefir (ersatzweise Dickmilch),
1/4 Liter Milch,
abgeriebene Schale einer ungespritzten Zitrone,
40 g kernige Haferflocken,
5 g Butter, 20 g Zucker,
2 Eßlöffel Honig,
250 g Heidelbeeren,
250 g Walderdbeeren

1 Kefir mit Milch und Zitronenschale verrühren.

2 Haferflocken mit Butter anrösten, mit Zucker bestreuen und karamelisieren lassen.

3 Heidelbeeren und Walderdbeeren verlesen, nur ganz kurz waschen und zur Kefirsuppe geben.

4 Karamelisierte Haferflocken darüberstreuen und Honig daraufgeben.

356 kcal *1489 kJ*

Beschwipste Kirschsuppe

1/2 Liter Buttermilch,
250 g Speisequark,
1 Becher Sahnejoghurt,
1/8 Liter Milch,
brauner Zucker nach Belieben (ca. 40 g),
Saft einer Zitrone,
500 g Süßkirschen,
80 g angeröstete Mandelblättchen,
2 cl Cointreau

1 Buttermilch mit Speisequark, Sahnejoghurt, Milch, Zucker und Zitronensaft gut verschlagen.

2 Kirschen waschen und entsteinen.

3 Suppe in Schälchen verteilen.

4 Suppe mit Mandelblättchen bestreuen.

5 Cointreau darüber gießen und servieren.

479 kcal *2001 kJ*

Saftiger Sommergemüse-Topf

250 g Rouladenfleisch,
1 Zwiebel,
2 Eßlöffel Öl,
1/2 Liter Brühe,
4 Eßlöffel japanische Soja-Sauce,
200 g Kartoffeln, 2 Möhren,
1/4 Wirsing, 1/4 Blumenkohl,
100 g gepalte Erbsen,
Pfeffer, Muskat,
1/4 Teelöffel gemahlener Kümmel,
1 Teelöffel Zitronensaft,
2 Zweige Majoran

1 Rouladenfleisch in kleine Würfel schneiden.

2 Zwiebel abziehen, feinwürfeln und im erhitzten Öl glasig dünsten. Fleischwürfel dazugeben und kräftig anbraten.

3 Mit Brühe und Soja-Sauce auffüllen und kochen lassen.

4 Kartoffeln und Möhren schälen, in Scheiben schneiden.

5 Wirsing und Blumenkohl putzen, waschen, harten Strunk entfernen.

6 Wirsing in Streifen schneiden, Blumenkohl in Röschen teilen.

7 Erbsen und die vorbereiteten Gemüse zu den Rindfleischwürfeln geben, alles ca. 20 Minuten garen.

8 Mit Pfeffer, Muskat, gemahlenem Kümmel und Zitronensaft abschmecken.

9 Majoran waschen, Blättchen feinhacken und vor dem Servieren zum Eintopf geben.

258 kcal *1079 kJ*

Geflügeleintopf mit Nudeln

1 Suppenhuhn,
1 Bund Suppengrün,
350 g Möhren,
1 Stange Porree,
1 Stück Sellerie,
250 g Nudeln,
4 Eßlöffel japanische Soja-Sauce,
Pfeffer, 1 Teelöffel frisch geriebener Ingwer,
3 Eßlöffel gemischte, gehackte Kräuter:
Petersilie, Majoran, Thymian,
Kerbel, Sauerampfer

1 Suppenhuhn und Suppengrün in 2 Liter Salzwasser ca. 90 Minuten ohne Deckel sanft kochen lassen.

2 Huhn herausnehmen, Suppengrün wegwerfen.

3 Das Fleisch von den Knochen lösen, in Stücke schneiden.

4 Brühe wieder erhitzen und das gesäuberte und kleingeschnittene Gemüse dazugeben.

5 Alles ca. 20 Minuten kochen, nach fünf Minuten Garzeit die Nudeln dazugeben.

6 Das Fleisch einlegen und alles mit Soja-Sauce, Pfeffer und Ingwer abschmecken. Vor dem Servieren mit Kräutern bestreuen.

564 kcal *2355 kJ*

Tip

Als Suppeneinlage stehen Ihnen nicht nur weiße Nudeln zur Verfügung, sondern auch Vollkornnudeln, Naturreis oder Hirse.

Saftige Putenschenkel gegrillt mit frischem Rettichsalat

2 Teelöffel Honig,
6 Eßlöffel japanische Soja-Sauce,
Pfeffer aus der Mühle,
Ingwer,
Tabasco,
Sesamöl,
4 Putenschenkel,
1 Bund Radieschen,
1 Bund Eiszapfenrettiche,
200 g Eisbergsalat,
1 gelbe Paprikaschote,
2 Zwiebeln,
2 Eßlöffel Kräuteressig,
4 Eßlöffel Distelöl,
1 Teelöffel scharfer Senf

1 Aus 1 Teelöffel Honig, Soja-Sauce, Pfeffer, Ingwer, ein paar Spritzern Tabasco und ein paar Tropfen Sesamöl eine Marinade rühren und die Putenschenkel damit bestreichen.

2 Im vorgeheizten Backofen bei 200 Grad ca. 50 Minuten (je nach Dicke der Schenkel) garen.

Tip

Die Putenschenkel eignen sich auch zum Grillen über Holzkohlenfeuer an einem warmen Sommertag. Um eine zu lange Grillzeit zu verkürzen, kann man sie im Dampfdrucktopf kurz vorgaren, dann mit der Marinade bestreichen und über dem Feuer zu Ende grillen.

3 Radieschen, Rettiche, Salat und Paprikaschote waschen.

4 Rettiche wenn nötig schälen. Salat in mundgerechte Stücke zupfen. Paprikaschote halbieren, Kerne und weiße Teile entfernen, und Schote in Streifen schneiden.

5 Zwiebeln abziehen und in Ringe schneiden.

6 Alle vorbereiteten Zutaten auf vier Tellern verteilen.

7 Aus Essig, Öl, Senf und dem restlichen Honig eine Marinade rühren und über den Salat verteilen.

8 Nach dem Garen die Enden der Putenschenkel mit Folie umwickeln und aus der Hand zu Brot und Salat verzehren.

533 kcal *2227 kJ*

Spitzkohlröllchen mit Weizen-Hackfleischfüllung

80 g Weizenkörner,
1 Spitzkohl (junger Weißkohl),
400 g Kaninchenfleisch (Stallkaninchen),
1 Ei,
6 Eßlöffel japanische Soja-Sauce,
4 Wacholderbeeren,
1 Teelöffel grüner Pfeffer,
1/2 Teelöffel Rosmarin, gemahlen,
1 Teelöffel Thymian, frisch,
1 Teelöffel Senf,
1 Teelöffel Tomatenmark,
200 g Frühstücksspeck
(sehr dünn geschnitten),
1/4 Liter Brühe,
2 cl Gin, 1 Becher saure Sahne

1 Weizen ca. 48 Stunden in Wasser quellen lassen – er darf Keime bilden.

2 Spitzkohl heiß überbrühen, kalt abbrausen, die Blätter vom Strunk lösen und glatt ausbreiten.

3 Kaninchenfleisch durch den Fleischwolf drehen, mit Weizenkörnern, Ei, Soja-Sauce mischen und mit zerdrückten Wacholderbeeren, grünem Pfeffer, Rosmarin, Thymian, etwas Senf und Tomatenmark kräftig würzen.

4 Frühstücksspeck auf die Kohlblätter legen, Hackfleisch zu länglichen Röllchen formen und darauf verteilen.

5 Blätter aufrollen und mit einer Rouladenklammer oder zwei Holzspießchen befestigen.

6 Im heißen Öl bei mittlerer Hitze rundherum anbraten.

7 1/2 Liter Brühe angießen, Deckel auflegen und ca. 20 Minuten garen. Deckel abnehmen und Flüssigkeit verdampfen lassen.

8 Rouladen aus der Pfanne nehmen und warm stellen. Fond mit Gin und dem Rest der Brühe ablösen, saure Sahne hineinrühren, eventuell noch einmal mit Soja-Sauce abschmecken und zu den Röllchen servieren.

686 kcal *2869 kJ*

Herzhaftes Sommergratin

100 g Gerste, 0,25 Liter Brühe,
1 Lorbeerblatt,
1 Blatt Liebstöckel, gehackt,
400 g grüne Bohnen,
2 Eßlöffel gehacktes Bohnenkraut,
Pfeffer, Salz,
1 Knoblauchzehe,
5 Eßlöffel Olivenöl,
200 g Spinat oder Melde,
Muskat,
2 Fleischtomaten,
1 Eßlöffel frisches gehacktes Basilikum,
200 g Champignons,
50 g geraspelter Gouda

1 Gerste über Nacht in Brühe mit dem Lorbeerblatt einweichen, dann in der Flüssigkeit mit Liebstöckel ca. 55 Minuten kochen

2 Bohnen putzen, waschen, in etwas kochendem Salzwasser ca. 15 Minuten garen, Wasser abgießen, Bohnen mit Bohnenkraut, Pfeffer, Salz und abgezogener, zerdrückter Knoblauchzehe in 2 Eßlöffeln erhitztem Olivenöl kurz anschwenken.

3 Spinat oder Melde verlesen, waschen, kurz heiß überbrühen, mit etwas Muskat und Salz abschmecken.

4 Tomaten vom Stielansatz befreien, heiß überbrühen, enthäuten und in Scheiben schneiden, mit gehacktem Basilikum bestreuen.

5 Champignons putzen und feinblättrig schneiden. Kurz in einem Eßlöffel Öl andünsten, salzen, pfeffern.

6 Schichtweise die Gemüse und Gerste in eine gefettete Auflaufform füllen.

7 Käse mit restlichem Olivenöl mischen und über den Auflauf verteilen. Im vorgeheizten Backofen bei 180 Grad ca. 40 Minuten backen.

468 kcal *1956 kJ*

Tip

Dazu schmeckt Fleisch, Geflügel oder Fisch. Die einzelnen Gemüse können auch variieren, so passen z.B. auch Zucchini anstelle von Bohnen oder Auberginen statt Spinat und Champignons.

Grill-pfanne

Spieß I

6 sehr kleine Tomaten,
150 g Schnitzelfleisch,
6 Scheiben Salami,
3 Scheiben magerer Räucherspeck

1 Tomaten waschen.

2 Schnitzelfleisch in nicht zu große Würfel schneiden.

3 Salami und Räucherspeck aufrollen.

4 Abwechselnd Tomaten, Fleischwürfel, Salami- und Speckröllchen auf 3 Spieße stecken.

Marinade

1 Teelöffel Koriander,
3 Eßlöffel Knoblauchöl,
3 Eßlöffel japanische Soja-Sauce,
Pfeffer,
1 Prise gemahlener Ingwer,
1 Prise gemahlener Fenchel,

frische Kräuter zum Garnieren

Kerbel,
Estragon,
Fenchelgrün

1 Aus Korianderkörnern, Knoblauchöl, Soja-Sauce, Pfeffer, Ingwer und Fenchel eine Marinade rühren.

2 Während des Grillens die Spieße damit bestreichen.

3 Kräuter waschen und Spieße mit frischen Zweigen garniert servieren.

Dazu passen Naturreis oder Hirseflocken.

348 kcal 1453 kJ

Spieß II

100 g Schollenfilet,
3 Scheiben Lachs (Lachsforelle),
3 Zitronenscheiben,
100 g Crevetten

1 Schollenfilets und Lachsscheiben längs halbieren, aufrollen.

2 Abwechselnd Schollen- und Lachsröllchen, Zitronenscheiben und Crevetten auf drei Spieße stecken.

Spieß III

3 rote Zwiebeln,
1 Zucchini,
1 gelbe Paprikaschote,
50 g Champignons,
1 kleine Fenchelknolle

1 Zwiebel abziehen und vierteln.

2 Zucchini waschen und in nicht zu dünne Scheiben schneiden.

3 Paprikaschote waschen, halbieren, die weißen Teile und Kerne entfernen, in Stücke schneiden.

4 Champignons putzen und waschen.

5 Fenchel putzen, waschen, grob zerteilen.

6 Abwechselnd Zwiebel-, Zucchini-, Paprika-, Fenchelstücke und Champignons auf drei Spieße stecken.

Tip

Zum Grillen eignen sich nicht nur Fleisch- und Fischstücke oder kleine Gemüsestücke am Spieß. Auch Gemüse im Ganzen oder nur halbiert sind eine leckere Fleischbeilage. Legen Sie Zwiebeln mit Schale und kleine Kartoffeln in Folie zu den Fleischstücken auf den Grill. Servieren Sie Ihren Gästen längs halbierte und mit Grillmarinade bestrichene Zucchinis vom Rost oder Auberginen- und dicke Tomatenscheiben.

Putenleber in Sesamhülle auf grünem Gemüse

400 g Kartoffeln,
2 Eßlöffel Sahne,
10 g Butter oder Margarine,
1 Zwiebel,
6 Eßlöffel Distelöl,
800 g Spinat oder Melde,
8 Eßlöffel japanische Soja-Sauce,
Pfeffer,
1 Prise Ingwer,
1/2 Knoblauchzehe,
2 Eier,
Sesamöl,
600 g Putenleber,
etwas Mehl,
4 Eßlöffel Sesamsamen

1 Kartoffeln waschen, schälen, in wenig Salzwasser garen und in der Kochflüssigkeit mit Sahne, etwas Muskat, Salz und Butter oder Margarine pürieren. Kartoffelbrei in einen Spritzbeutel füllen, Röschen auf ein gefettetes Backblech spritzen und unter dem Grill kurz überbacken.

2 Zwiebel abziehen, feinwürfeln in zwei Eßlöffel Öl andünsten.

3 Spinat oder Melde verlesen, waschen, zu den Zwiebeln geben und ca. 8 Minuten unter Rühren garen.

4 Gemüse mit 4 Eßlöffel Soja-Sauce, Pfeffer, Ingwer und abgezogenem zerdrücktem Knoblauch pikant abschmecken.

5 Eier verschlagen.

6 Putenleber kurz heiß überbrühen, mit etwas Sesamöl und dem Rest der Soja-Sauce marinieren, mit Mehl bestäuben, in Ei tauchen und in Sesamsamen wenden.

7 Restliches Öl erhitzen, Putenleber bei mäßiger Hitze von beiden Seiten goldbraun braten.

8 Leber auf Gemüsebett anrichten und mit Kartoffelröschen servieren.

675 kcal *2822 kJ*

Folienkartoffel und Grilltomate mit Geflügelsteaklet

4 große Kartoffeln (mehligkochend),
250 g Quark,
4 Eßlöffel gehackte, gemischte Kräuter:
Petersilie, Schnittlauch,
2 Blätter Sauerampfer,

3 Blättchen Gundermann,
3 Blättchen Pfefferminze,
Zitronenmelisse,
1 Knoblauchzehe,
Salz,
3 Eßlöffel Oliven-Öl,
400 g Putenschnitzel,
200 g gekochter Schinken,
2 Eßlöffel Paniermehl,
1 Ei,
4 Eßlöffel japanische Soja-Sauce,
1/2 Teelöffel Currypulver,
1/2 Teelöffel frisch geraspelter Ingwer,
ersatzweise 1 Messerspitze Ingwerpulver,
Muskat,
Pfeffer,
4 Eßlöffel Öl,
1 Eßlöffel Gorgonzola,
4 Eßlöffel Crème fraîche,
4 Tomaten,
20 g Butter oder Margarine,
1 Teelöffel Basilikum

1 Kartoffeln waschen, in Salzwasser ca. 20 Minuten garen, in Folie einwickeln und im vorgeheizten Backofen bei 250 Grad 15 Minuten backen.

2 Quark mit den verschiedenen gehackten Kräutern verrühren.

3 Knoblauchzehen abziehen, grob hacken, im Mörser mit Salz und Olivenöl zu einer Paste verarbeiten und zum Quark geben – zur Kartoffel reichen.

4 Putenschnitzel und Schinken durch den Fleischwolf drehen (grobe Scheibe).

5 Paniermehl, Ei und Soja-Sauce untermischen und mit den Gewürzen abschmecken.

6 Steaklets formen und in erhitztem Öl goldbraun braten.

7 Gorgonzola mit einer Gabel zerdrücken, mit Crème fraîche verrühren, auf die Steaklets verteilen und kurz unter dem Grill überbacken.

8 Tomaten waschen, Stielansatz entfernen, Haut auf der Oberseite kreuzweise einritzen und ein wenig abziehen.

9 Butter oder Margarine mit gehacktem Basilikum verkneten, auf jede Tomate ein Butterstückchen setzen und kurz überbacken.

10 Steaklets, Tomate und Folienkartoffel mit einem Kräuterzweig oder Schnittlauchröllchen garniert servieren.

720 kcal *3010 kJ*

Geflügelschenkel und -flügel abtrennen.

Mit einem scharfen Messer die Brustteile vom Knochengerüst (Karkasse) lösen, indem man rechts und links vom Brustbein auf dem Knochen entlangschneidet.

Zitronen-Porree-Hähnchen mit blauen Trauben

2 junge Hähnchen,
4 Eßlöffel japanische Soja-Sauce,
Saft von zwei Zitronen,
1 Teelöffel Honig,
4 Stangen Porree,
2 Knoblauchzehen,
4 Eßlöffel Walnußöl,
1/4 Liter Brühe,
300 g entkernte blaue Trauben,
2 Eßlöffel gehackte Walnüsse

1 Hähnchenschenkel und -flügel abtrennen und das Brustfleisch auslösen (Karkasse für Brühe verwenden).

2 Soja-Sauce, Zitronensaft und Honig mischen und die Hähnchenteile darin marinieren.

3 Porree putzen, waschen und in feine Ringe schneiden. Knoblauchzehen abziehen und zerdrücken.

4 Hähnchen aus der Marinade nehmen und in erhitztem Öl kräftig anbraten.

5 Porree und Knoblauch dazugeben, kurz mitbraten und mit Brühe ablöschen.

6 Rest der Marinade in den Topf gießen und zugedeckt ca. 15 Minuten garen lassen.

7 Kurz vor Ende der Garzeit die Trauben zufügen, sie sollen nur heiß werden. Mit Walnüssen bestreut servieren.

567 kcal *2368 kJ*

Gemüsepfanne mit gefüllter Tomate

16 Schalotten,
4 Fleischtomaten,
100 g frische Erbsen,
50 g gegarte Nudeln,
1 dicke Scheibe gekochter Schinken oder Mortadella,
1 gehacktes hartgekochtes Ei,
4 Eßlöffel Frischkäse,
2 Eßlöffel japanische Soja-Sauce,
Pfeffer

4 Teelöffel Parmesan,
4 kleine gelbe Zucchini,
etwas Zitronensaft,
Salz,
1 Zweig Thymian,
4 Lorbeerblätter,
etwas Öl zum Bestreichen,
Petersilie und Kerbelblättchen zum Garnieren

1 Schalotten abziehen, Tomaten waschen, einen Deckel abschneiden und aushöhlen.

2 Erbsen, Nudeln, in Streifen geschnittener Schinken und Ei mischen, in vier Portionen teilen und in die Tomaten füllen.

3 Frischkäse mit Soja-Sauce und Pfeffer mischen, zum Gemüse in die Tomaten geben, mit Parmesan bestreuen und Deckel aufsetzen.

4 Zucchinis waschen, fächerförmig aufschneiden, mit Zitronensaft und etwas Salz würzen.

5 Thymianzweig waschen, die Blättchen abzupfen.

6 Pro Portion ein genügend großes Stück Backpapier schneiden, Tomaten, Zucchini, 4 Schalotten, Thymian, Lorbeerblatt und ein paar Pfefferkörner dazugeben, mit etwas Öl einpinseln, Backpapier zufalten und im vorgeheizten Backofen bei 180 Grad ca. 20 Minuten garen. Mit Petersilie und Kerbelblättchen garniert servieren.

93 kcal — *389 kJ*

Tip

Im Backpapier zu garen, ist ein sehr schonendes Verfahren, die Gemüse ziehen dann nur im eigenen Saft. Man kann aber auch eine entsprechend große Pfanne nehmen, etwas Brühe angießen und einen dichtschließenden Deckel auflegen.

Vanillegrütze mit frischen Himbeeren

1/2 Liter Milch, 1 Prise Salz,
125 g Buchweizengrütze,
60 g Honig,
Mark einer Vanilleschote
(ersatzweise Vanillinzucker),
500 g Himbeeren

1 Milch und Salz zum Kochen bringen. Buchweizengrütze einstreuen und in ca. 20 Minuten ausquellen lassen.

2 Vanillemark, Honig unterrühren.

3 Himbeeren verlesen, waschen, abtropfen lassen und mit der Grütze schichtweise in Gläser füllen.

290 kcal *1212 kJ*

Pfannküchlein mit Himbeersauce und Pistazien

400 g Himbeeren,
1 Eßlöffel brauner Zucker,
1 Teelöffel Stärke,
2 Eier,
80 g Mehl
(vorzugsweise Weizenvollkornmehl),
3 Eßlöffel Milch,
5 g Zucker,
10 g Butter,
1 Prise Salz,
2 Eßlöffel Pistazien,
1 Eßlöffel Puderzucker

1 Etwa 100 g Himbeeren durch ein feines Sieb drücken. Weißwein erhitzen, mit Stärke binden, Himbeerpürree und Zucker zufügen und kaltstellen.

2 Eier trennen, Eigelb mit Milch, Mehl, und den übrigen Zutaten zu einem glatten Teig verrühren, etwa 20 Minuten stehen lassen.

3 Eiweiß zu Schnee schlagen, unterheben.

4 Pfanne mit Öl auspinseln, zarte, dünne Pfannküchlein ausbacken, aufrollen und mit frischen Himbeeren, einem Eßlöffel Himbeersauce und Pistazien servieren. Etwas Puderzucker überstreuen.

249 kcal *1040 kJ*

Tip

Der Teig, aus dem die Pfannkuchen gebacken werden, läßt sich durch gestoßene Nüsse oder Mandeln, durch Sesamsamen und Pinienkerne beliebig verändern. Auch Gewürze wie Zimt, Anis oder Kardamom und Vanille sind für Variationen geeignet.

Sommerfrische Nachspeisen

Weingelee Rot-Weiß

Weiß:

150 g Äpfel,

100 g Zucker,

1 Eßlöffel Zitronensaft,

3/8 Liter Weißwein,

6 Blatt Gelatine (weiß)

Rot:

100 g Himbeeren,

100 g Zucker,

1 Eßlöffel Zitronensaft,

3/8 Liter Rotwein,

6 Blatt Gelatine (rot)

1 Äpfel schälen, vierteln, Kerngehäuse entfernen und Äpfelviertel fein würfeln.

2 Zucker, Zitronensaft, Weißwein und 1/8 Liter Wasser kochen, bis sich der Zucker aufgelöst hat.

3 Gelatine nach Vorschrift einweichen, ausdrücken, unter die noch lauwarme Weißweinmischung rühren.

4 Äpfelwürfel auf 4 Gläser verteilen, mit fast erkalteter Weißweinmischung auffüllen, im Kühlschrank erstarren lassen.

5 Himbeeren waschen, abtropfen lassen.

6 Zucker, Zitronensaft und Rotwein mit 1/8 Liter Wasser ansetzen und kochen, bis sich der Zucker aufgelöst hat, dann abkühlen lassen.

7 Gelatine nach Vorschrift einweichen, ausdrücken, unter die noch lauwarme Rotweinmischung rühren.

8 Himbeeren auf dem erkalteten Apfelgelee verteilen, mit Rotweinmischung auffüllen, wieder in den Kühlschrank stellen und erkalten lassen.

382 kcal *1595 kJ*

Parfait aus Wildfrüchten

70 g Zucker,

1 Eigelb, 2 Eier,

1/4 Liter Sahne,

Mark einer Vanilleschote
(ersatzweise 1 Päckchen Vanillinzucker),
2 cl Eierlikör,
100 g Heidelbeeren,
100 g Walderdbeeren

1 Zucker, Eigelb und Eier im Wasserbad aufschlagen bis die Masse cremig wird und wieder kaltstellen.

2 Sahne steifschlagen und unterziehen.

3 Heidelbeeren und Erdbeeren waschen und getrennt mit dem Mixstab pürieren.

4 Parfaitmasse dreiteilen. Ein Drittel mit Vanillemark und Eierlikör mischen. Ein Drittel mit Heidelbeermus und ein Drittel mit Erdbeermus mischen.

5 Schichtweise in Schälchen füllen und einfrieren. Vor dem Servieren kurz antauen lassen.

359 kcal *1502 kJ*

Cassis-Sorbet

250 g schwarze Johannisbeeren,
250 g Zucker,
1 Eiweiß,
1 Eßlöffel Zitronensaft,
2 cl Crème de Cassis,
1/2 Flasche trockener Sekt,
Johannisbeeren zum Dekorieren

1 Johannisbeeren putzen, waschen und einfrieren.

2 Läuterzucker herstellen: Zucker in 1/4 Liter Wasser kochen und auflösen.

3 Eiweiß steifschlagen.

4 Tiefgefrorene Johannisbeeren mit Läuterzucker, Zitronensaft und Crème de Cassis im Mixer pürieren.

5 Eiweiß unterheben, und die Masse kurz noch einmal in die Tiefkühlung stellen.

6 Cassis-Sorbet in vorgekühlte Gläser füllen, mit Sekt auffüllen und mit Johannisbeeren garniert servieren.

378 kcal *1580 kJ*

Heidelbeertorte leicht und zart

100 g Weizenvollkornmehl,
1 Prise Salz,
2 Eier,
1/10 Liter saure Sahne,
60 g Butter oder Margarine,
2 Eßlöffel brauner Zucker,
500 g frische Heidelbeeren,
1 Paket Puddingpulver (Vanille),
1 Eßlöffel Honig,
1/2 Liter Sahne,
2 cl Eierlikör

1 Aus Mehl, Salz, Eiern, saurer Sahne, 20 g Butter oder Margarine und 1 Eßlöffel Zucker einen glatten Teig herstellen und 20 Minuten ruhen lassen.

2 Mit restlicher Butter oder Margarine nacheinander drei große Pfannkuchen backen.

3 Ein paar Heidelbeeren zur Dekoration zurückbehalten, die anderen Früchte mit restlichem Zucker und 1/10 Liter Wasser aufkochen lassen, mit angerührtem Puddingpulver binden, Honig einrühren und erkalten lassen.

4 2 Pfannkuchen jeweils mit Heidelbeermus bestreichen, mit dem dritten Pfannkuchen abdecken.

5 Sahne steif schlagen, Eierlikör unterheben und die Torte damit überziehen, mit zurückbehaltenen Heidelbeeren garnieren.

792 kcal *3311 kJ*

Tip

Heidelbeertorte auf diese Weise hergestellt, ist auch eine köstliche süße Hauptmahlzeit, die noch mit Himbeeren und Erdbeeren je nach Jahreszeit variiert werden kann. Statt der steifgeschlagenen Sahne kann man warme Vanillesauce dazu reichen oder zart abgeschmeckten Vanille-Quark.

Saftige Stachelbeertorte Tatin

600 g Stachelbeeren,
100 g Zucker,
250 g Mehl (Weizenvollkorn),
1 Messerspitze Backpulver,
60 g Zucker,
Mark einer Vanilleschote,
100 g Butter, 1 Ei,
1 Eßlöffel Mandelblättchen,
1 Eßlöffel Sesamsamen

1 Stachelbeeren putzen, waschen, gut abtropfen lassen.

2 Zucker und Stachelbeeren in eine feuerfeste Form geben. Bei kräftiger Hitze den Zucker schmelzen lassen, ein paarmal umrühren.

3 Aus Mehl, Backpulver, Zucker, Vanillemark, Butter und Ei einen weichen Teig herstellen.

4 Teigplatte in Größe der Form ca. 2 cm dick ausrollen und auf die Stachelbeeren legen.

5 Im vorgeheizten Backofen bei 180 Grad ca. 30 Minuten backen.

6 Noch heiß auf einen Teller stürzen, die Oberfläche mit Mandeln und Sesamsamen bestreuen.

2827 kcal *11817 kJ*

Zucker und Stachelbeeren in eine feuerfeste Form geben.

Bei kräftiger Hitze den Zucker schmelzen lassen, ein paarmal umrühren.

Teigplatte in Größe der Form ausrollen. Platte auf die Stachelbeeren legen und „umgekehrt" backen.

Bunte Obstpalette

Teig:

150 g Butter oder Margarine,
200 g brauner Zucker,
300 g Vollkornmehl,
50 g Haselnüsse,
50 g Sesamsamen,
1 gestrichener Teelöffel Backpulver,
2 Eier

Belag:

600 g Aprikosen,
600 g Sauerkirschen,
500 g Sommeräpfel,
Saft einer Zitrone,
2 Eßlöffel Puderzucker,
50 g Rosinen

1 Butter oder Margarine mit Zucker schaumig rühren.

2 Eier und das mit Nüssen, Sesamsamen und Backpulver gemischte Mehl eßlöffelweise unterrühren.

3 Aprikosen und Sauerkirschen waschen und entsteinen.

4 Äpfel schälen, halbieren, vom Kerngehäuse befreien, in Spalten schneiden und mit Zitronensaft beträufeln.

5 Den Teig auf ein gefettetes Backblech streichen und mit Aprikosenhälften, Kirschen und Apfelspalten streifenweise belegen. Alles mit Puderzucker bestreuen. Die Apfelspalten mit Rosinen bestreuen und im vorgeheizten Backofen bei 175 Grad ca. 40-45 Minuten backen.

1209 kcal *5055 kJ*

Ribiselkuchen

Teig:

400 g Mehl,
1 Teelöffel Backpulver,
Mark einer Vanilleschote,
200 g brauner Zucker,
2 Eigelb,
200 g Butter oder Margarine

Belag:

750 g Ribisel
(Johannisbeeren rot, weiß, schwarz),
4 Eiweiß,
100 g Zucker,
200 g Crème fraîche,
80 g gehobelte Haselnüsse

1 Mehl auf eine Arbeitsfläche geben und in die Mitte eine Vertiefung schieben.

2 Backpulver, Vanillemark, braunen Zucker und Eigelb hineingeben.

3 Butter oder Margarine in Flöckchen an den Rand setzen und alles von außen nach innen zu einem glatten Teig verkneten.

4 In Frischhaltefolie verpackt ca. 30 Minuten kalt stellen.

5 Teig ausrollen und auf ein gefettetes Backblech legen. Mit der Gabel mehrmals einstechen.

6 Johannisbeeren waschen, säubern und trockentupfen. Anschließend auf dem Teig verteilen.

7 Eiweiß und Zucker steifschlagen, mit Crème fraîche und Haselnüssen mischen.

8 Die Masse auf die Früchte streichen und den Kuchen im vorgeheizten Backofen bei 200 Grad ca. 30 Minuten backen.

5913 kcal *24716 kJ*

Johannisbeer-Quarkkuchen mit Baiser

Teig:

200 g Quark,
1 Prise Salz, 6 Eßlöffel Milch,
7 Eßlöffel Öl, 1 Ei,
100 g brauner Zucker,
400 g Weizenvollkornmehl,
1 Teelöffel Backpulver

Belag:

750 g Johannisbeeren,
500 g Magerquark,
200 g Zucker,
1 Päckchen Puddingpulver
Vanille-Geschmack,
Mark einer Vanilleschote,
2 Eigelb,
50 g zerlassene Butter,
50 g Speisestärke

Baiser:

2 Eiweiß,
100 g Zucker,
120 g gehackte Nußmischung:
Mandeln, Haselnüsse, Walnüsse

1 Quark mit Salz, Milch, Öl, Ei und Zucker glattrühren.

2 Die Hälfte des mit Backpulver vermischten Mehls unterrühren, den Rest mit den Händen kräftig unterkneten.

3 Teig ausrollen und ein gefettetes Backblech damit auslegen.

4 Johannisbeeren waschen, gut abtropfen lassen und entstielen. Quark mit Zucker, Vanillemark, Eigelb, Puddingpulver, zerlassener Butter und Speisestärke verrühren.

5 Die Johannisbeeren unterheben, und die Masse auf dem Teig verteilen.

6 Glattstreichen und den Kuchen im vorgeheizten Backofen bei 200 Grad ca. 30 Minuten backen.

7 Eiweiß steifschlagen, und den Zucker dabei langsam einrieseln lassen. Baisermasse gleichmäßig auf die Quarkmasse streichen, Mandeln, Haselnüsse und Walnüsse darüberstreuen und alles weitere ca. 5-10 Minuten backen.

6798 kcal *28416 kJ*

Tip

Kuchen vom Blech lassen sich hervorragend einfrieren. Packen Sie Portionsstücke in Gefrierbeutel und backen Sie sie vor dem Servieren noch einmal auf. Servieren Sie ihn noch warm mit Vanillesahne oder -Sauce.

Gesammelt in der Natur

Kalendarisch beginnt der Sommer mit dem längsten Tag und der kürzesten Nacht, doch unser Klima hält sich nicht immer daran. Ein Sommertag im Wald oder zwischen Feldern und Hecken, damit verbinden wir Sonne, Hitze, eine Fülle grünen Laubes, Blumen und reifender Früchte. Die meisten Wildkräuter, die uns im Frühjahr die erste gesunde Abwechslung in unseren Speiseplan brachten, blühen oder sind schon verblüht und haben damit ihren zartesten Geschmack verloren. Sie werden herb und gröber in ihrer Struktur. Nun sind nicht mehr so sehr die Blätter von Bedeutung, sondern die Früchte, Himbeeren, und Heidelbeeren, Preiselbeeren und Hagebutten, verlocken zum Erfinden süßer Köstlichkeiten an ungewöhnlichen Saucen, Desserts und Marmeladen.

Blaubeere

Es ist eine Pflanze, die in Wäldern und Mooren wächst und deren Blätter bis zum Mai, also vor der Blüte, in Salaten verwendet werden können, deren Früchte im Sommer dann köstlich in Süßspeisen und Kuchen schmecken. Sowohl Blätter als auch Blüten wirken entzündungshemmend und senken den Blutzucker.

Brombeere

Brombeersträucher wachsen an Waldrändern, an Böschungen und in Hecken. Die Früchte schmecken säuerlich aromatisch, werden zu Saft, Kompott, Gelee, Marmelade und in der Likör- und Weinherstellung verwendet.
Sie können von August bis Oktober geerntet werden. Ihr Vitamin C-Anteil ist beachtlich, sie wirken lindernd bei Magen- und Darmbeschwerden.

Eberesche

Ihre roten Beeren, die von August bis Oktober geerntet werden können, sind roh in größeren Mengen genossen oft unverträglich, ergeben aber gekocht einen erfrischenden Saft, herzhafte Gelees oder ein pikantes Mus und Kompott mit anderen Früchten kombiniert.
Man findet sie in Alleen, an Waldrändern oder in Gärten. Der Saft wirkt harntreibend und ist reich an Vitamin C.

Erdbeeren

An Waldrändern und Böschungen wächst die wilde Erdbeere. Ihre hocharomatischen Früchte sind reich an Vitamin C und Mineralstoffen, entschlacken und sind leberfreundlich. Man verwendet sie am besten nur frisch, um Wirkstoffe und Aroma nicht zu zerstören, kann sie jedoch auch zu Konfitüre oder Süßspeisen verwenden. Geerntet werden die Früchte von Juni bis September.

Himbeere

In Wäldern, Hecken und Gebüsch ist dieser dornige Strauch zu finden. Im Juli und August ist die wilde Himbeere zu ernten, die Gartenhimbeere ist meistens schon etwas früher reif.
Die roten, aromatisch-süßen Früchte sind beliebt zu allen Süßspeisen, lassen sich hervorragend zu Eis, Saft und Marmeladen verarbeiten und sind Aroma für Saucen und Fruchtessig. In der Heilkunde gelten Himbeeren auch als harntreibend.

Hopfen

Er wird zur Bierherstellung angebaut, findet sich aber auch als Schlingpflanze wild in Gebüschen und an Wegrändern. Die ganz jungen Blätter – beste Erntezeit im Frühjahr und Frühsommer – schmecken sowohl als Salat als auch in Gemüsen. Sie enthalten ein natürliches Antibiotikum und wirken nervenberuhigend.

Kapuzinerkresse

Im Süden Europas finden wir sie wild wachsend, in unseren Gegenden eher im Garten und an Zäunen. Vom Frühjahr bis Oktober stehen uns die Blüten, jungen Blätter und die Früchte (Kapern) zur Verfügung. Sie enthalten ein natürliches Antibiotikum und eignen sich wie Brunnenkresse und Hirtentäschel, denen sie im Geschmack ähneln, als würzige Beigabe zu Salate und Gemüsen.

Minze

Die bekannteste Minzart ist die Pfefferminze, eine Kreuzung aus verschiedenen Minzarten. Sie wird in vielen europäischen Ländern angebaut und ist inzwischen nicht nur in Gärten, sondern auch schon an Wegrändern zu finden. Die Würze liegt in den Blättern, die für Tees, Drinks, für Süßspeisen, Saucen und Salate verwendet werden. Ihr Heilwert liegt in ihrer belebenden, gallenfreundlichen, entzündungshemmenden Wirkung.

Hirtentäschel

Die Pflanze wächst auf Schuttplätzen, Äckern und Wiesen. Ihre jungen Blätter finden Vewendung in Salaten und Gemüsen überall dort, wo auch Kresse eingesetzt werden kann, der sie im Geschmack sehr ähnelt. Das Kraut ist vom Frühjahr bis zum Herbst zu finden. Es wirkt kreislaufstabilisierend und blutstillend.

Quendel oder wilder Thymian

An Weg- und Waldrändern, auf steinigem Boden wächst der wilde Thymian. Als Würze dienen seine Blätter und die Blüten. Sie sind stark aromatisch und stehen uns von April bis zum Herbst zur Verfügung. Wilder Thymian kann verwendet werden wie Gartenthymian. Ihr Gesundheitswert: desinfizierend und magen- und darmstärkend.

Ringelblume

Sie ist nicht nur eine Zierblume in unserem Garten. Sie wird auch sehr vielseitig in der Kosmetik und in der Heilkunde verwendet. In der Küche sind die Blüten überall dort einzusetzen, wo auch Safran paßt. Ringelblumen haben einen würzigen Geschmack und große Färbkraft. Sie blühen vom Frühsommer bis Herbst.

Taubnessel

Sie ist äußerlich der Brennessel ähnlich, gehört aber in die Familie der Lippenblütler und hat keine brennenden Härchen. Taubnesseln wachsen nahezu überall, man kann sowohl die Blätter als auch die Blüten verwenden. Sie wirken blutreinigend und erfrischend. Blätter und Blüten sind gekocht als Gemüse, roh zu Salaten geeignet.

Dicke Bohnen
Kürbis
Braun-
kappen
Lachmann's

Marktbummel im Herbst

Der Marktbummel im Herbst

Herbst

23. September – 20. Dezember

Wenn man sich einen Bilderbuchherbst vorstellt, dann den goldenen, das Sinnbild reicher Ernte. Unser Marktbummel zeigt uns noch einmal die ganze reiche Auswahl vom Sommer: Rot- und Weißkohl, jetzt in dicken, festen Köpfen, Meerrettich, Chicoree, Schwarzwurzeln, Feldsalat, Tomaten und Gurken. Dazu werden jetzt Kürbis, Maronen und Herbstpilze angeboten, die Braunkappen, Trichterlinge und Ritterlinge.

Ananas

Die Ananas erfreut sich als Frischfrucht immer größerer Beliebtheit und ist in der kalten Jahreszeit, wenn der Inlandsmarkt noch keine Frischfrüchte bieten kann, eine wunderbare Ergänzung. Zwar gehört sie zu den Exoten im Marktangebot, doch wird sie oft so preiswert angeboten, daß man sie nicht übergehen sollte.

Apfel

Der Gehalt an wertvollen Vitaminen, an verschiedenen Säuren und an Mineralstoffen machen ihn nicht nur zu einem angenehmen Fruchtgenuß, sondern nahezu unentbehrlich z.B. bei der Heilung von Darmstörungen besonders auch bei Kindern.

Banane

Ganzjährig werden die noch grünen Bananen mit Kühlschiffen aus Amerika, Afrika oder von den Kanarischen Inseln nach Europa gebracht, wo sie in Klimakammern nachreifen. Reife Früchte vertragen keine Temperaturen unter 12 Grad celsius. Angenehm mild und aromatisch im Geschmack, besitzt die Banane einen hohen Vitamin- und Mineralstoffgehalt und ist leicht verdaulich.

Eissalat

Eissalat oder auch Eisbergsalat ähnelt im Aussehen einem Weißkohlkopf, doch ist seine Zellstruktur viel feiner. Von Amerika kommt diese Züchtung, die zwei Eigenschaften eines guten Salates hervorragend verbindet: eine gewisse Lagerfähigkeit mit Zartheit und Frische.

Ente

Bevorzugt im Herbst und Winter ist die Ente im Marktangebot. Der Handel unterscheidet: Frühmastente, mit etwa sechs Wochen geschlachtet und ca. 1700 g schwer, Junge Ente mit einem Gewicht bis 2200 g und 1 Jahr alte Ente, die bratfertig über 2200 g wiegen darf. Die ganz jungen Tiere, zart im Fleisch und nicht so fett, erkennt man am noch knorpeligen Brustbein.

Hecht

Dieser Süßwasserfisch ist einer der wichtigsten Raubfische, dessen Fleisch wohlschmeckend, fest und sehr eiweißhaltig ist. Die vielen kleinen Gräten in Filets oder Hechtscheiben sind der Grund, weshalb er vielfach nur als Hechtklößchen – durch den Wolf gedreht – verarbeitet wird, wobei der Eiweißgehalt des faschierten Fleisches ausreicht, ohne weitere Bindemittel diese Klößchen zusammenhalten.

Herbstpilze

Wenn man nicht sicherer Pilzkenner ist, sollte man keine selbst suchen. Die Gefahr von Verwechslungen mit giftigen Pilzen oder durch eine unsachgemäße Aufbewahrung ist zu groß.
Man kann sich aber auf das Marktangebot verlassen, das gerade im Herbst eine Vielfalt von Pilzen regional unterschiedlichster Art zur Verfügung stellt. Dazu gehören unter anderen Austernpilze, die inzwischen schon ganzjährig gezüchtet werden, Braunkappen und Butterpilze.

Kaninchen/Hase

Die schwersten Hasen und Wildkaninchen werden im November und Dezember angeboten. Fleisch sehr junger Tiere ist heller als das älterer und nicht so streng im Geschmack. Die beste Qualität stammt von 3-8 Wochen alten Kaninchen oder Hasen.

Kürbis

Die derbe, dicke Schale des Kürbis ist ungenießbar, das zarte innere Fleisch jedoch läßt sich zu Suppen, zu Gemüsegerichten oder süß-sauer eingelegt verwenden. Es hat einen hohen Karotingehalt und wirkt entwässernd. Die Kerne geben das aromatische Kürbiskernöl. Unverletzt ist der Kürbis gut lagerungsfähig.

Maronen

Die Marone oder Eßkastanie reift im Herbst. Man ißt sie geröstet, als Füllung für Geflügel oder als Beilage zu Wild. Mit Zucker verarbeitet werden daraus auch Süßspeisen.

Orange

Diese Früchte, zu denen auch Zitronen und Pampelmusen gehören, sind auf unseren Märkten schon seit langer Zeit „heimisch", obgleich sie alle aus Importen stammen. Da sie zum Teil zweimal im Jahr geerntet werden, stehen sie jederzeit mit relativ geringen Preisschwankungen unserem Speiseplan zur Verfügung.

Paprika

Die Paprikaschoten erscheinen in verschiedenen Formen und Farben auf unserem Markt.
Die fleischige Fruchtwand enthält Vitamin C und wertvolle Mineralstoffe. Bei einigen dieser Sorten sind die Kerne und weißen Scheidewände im Inneren sehr scharf, darum werden sie vor der Zubereitung entfernt.
Man kann Paprika roh und gekocht essen. Grüner Paprika ist noch nicht voll ausgereift, schmeckt nicht so süß wie der rote oder gelbe, ist aber länger lagerungsfähig.

Preiselbeeren

Diese Beeren sind rote Wildfrüchte, die hauptsächlich in Skandinavien, Finnland und Rumänien gesammelt werden. Sie reifen Ende August bis September/Oktober. Der herbsaure Geschmack ist unter anderem auf Gerbsäuren zurückzuführen. Der Gehalt an Vitamin A, B_1 und C

Gemüse	Obst Früchte	Fisch	Schlachtfleisch Geflügel Wild
Artischocke/Aubergine	Äpfel	Forelle	außer dem üblichen
Blumenkohl	Ananas	Goldbarsch	Schlachtfleisch:
Bohnen	Birnen	Hecht	Hammel
Champignons	Feigen	Kabeljau	Hähnchen
Chinasalat	Grapefruit	Lachs	Poularde
Endiviensalat	Klementinen	Rotbarsch	junger Puter
Feldsalat	Melonen	Rotzunge	Suppenhuhn
Gurken	Orangen	Seelachs	Hase
Herbstpilze	Quitten	Seezunge	Kaninchen
Karotten	Trauben	Schellfisch	Reh
Kartoffeln			
Kohlrabi			
Kürbis			
Maronen			
Meerrettich			
Paprika	Schwarzwurzel		
Porree	Sellerie		
Rosenkohl	Tomaten		
Rotkohl	Weißkohl/Wirsingkohl		
rote Rüben	Zwiebeln		

macht sie gesundheitlich besonders wertvoll.
Sie werden verwendet zu Mus, Kompott und Gelee.

Rote Bete

Ursprünglich stammt diese Rübe aus dem Mittelmeerraum, unser Marktangebot kommt aber hauptsächlich aus Bayern. Sie wird im Winterhalbjahr angeboten, ist gut lagerungsfähig und sehr nährstoffreich. Man verarbeitet sie zu Salaten, Eintöpfen und zu Gemüsesaft.

Schwarzwurzeln

Im November werden Schwarzwurzeln geerntet, die durch ihre Vitamine und Mineralstoffe ein wertvolles, lagerungsfähiges Winter- und Frühjahrsgemüse sind. Die Zubereitung ist ähnlich die des Spargels, der Geschmack mild und angenehm nußartig.

Steinpilz

Der Steinpilz gehört in unserem Bereich zum König der Pilze. Auch er wird im August und September angeboten bis hinein in den Oktober, wenn das Wetter günstig ist. Er ist nach Champignon und Pfifferling der am häufigsten angebotene Speisepilz. Das Fleisch von Kopf und Stiel sollte fest und weiß sein, dann hat er seine beste Qualität. Kenner schätzen den Stiel als besondere Delikatesse.

Trauben

Die heimischen Trauben werden nicht als Tafeltrauben angeboten. Die zum frischen Verzehr geeigneten kommen aus den Mittelmeerländern und sind besonders großbeerig. Sie sind fast ganzjährig zu bekommen – rot oder weiß – und sind unverletzt gut lagerungsfähig. Ein besonders hoher Anteil an Fruchtzucker macht sie für die Gesundheit wertvoll.

Wirsing

Sorten für Sommer, Herbst und Dauerwirsing erlauben ein fast ganzjähriges Angebot. Er ist in Mieten und Scheunen lagerungsfähig, gehört zu den Kopfkohlarten wie Weißkohl und Rotkohl, ist aber nicht ganz so dicht und schwer wie diese und zarter im Geschmack.

Obststände bieten nun die preisgünstigen Trauben, Quitten, Birnen und Äpfel – und auch hier fehlen die Exoten nicht wie Ananas, Bananen, Orangen, Klementinen – die zwar das ganze Jahr über angeboten werden, aber oft noch nicht die Süße und Saftigkeit zeigen, die sie zur Zeit ihrer Reife haben.

Da die Jagdsaison ihren Höhepunkt erreicht, ist das Fleischangebot nun durch die verschiedenen Wildsorten in voller Breite bereichert. Sie bieten für jeden Geldbeutel etwas und es muß nicht immer Rehrücken sein, auch ein Wildkaninchen oder Hase kann ein Festessen sein.

Das Herbstmenü

Porree pikant

8 Stangen Porree,
1/10 Liter Weißweinessig,
80 g Rosinen,
Salz,
Pfeffer aus der Mühle,
300 g Crème fraîche,
1 Messerspitze Senfpulver

1 Porree putzen, die harten grünen Teile entfernen, gründlich waschen und mit Essig, Rosinen, Salz, Pfeffer und so viel Wasser, daß die Stangen gut bedeckt sind, ca. 10 Minuten kochen.

2 Stangen im Sud erkalten lassen.

3 Crème fraîche mit Senfpulver und ca. 1/10 Liter Sud verrühren.

4 Porreestangen und Rosinen aus dem Sud heben und mit angerührter Crème fraîche servieren.

326 kcal *1364 kJ*

Samt-Suppe von Herbstpilzen

300 g gemischte Pilze: Pfifferlinge,
Austernpilze oder Braunkappen,
2 Schalotten,
20 g Grieß,
40 g Butter oder Margarine,
20 g durchwachsener geräucherter Speck,
1 Liter Kalbsbrühe,
1 Zweig Thymian,
1 Messerspitze Kümmel,
etwas Knoblauch,
etwas Muskat,
1 cl Aquavit

1 Pilze putzen und gründlich unter fließendem Wasser waschen. Zu große Pilze kleinschneiden.

2 Schalotten abziehen und feinwürfeln. Zusammen mit Grieß in 20 g Butter oder Margarine und feingewürfeltem Speck glasig dünsten.

3 Pilze zugeben und kräftig anbraten.

4 Mit Kalbsbrühe auffüllen, Thymianzweig zugeben und ca. 10 Minuten kochen lassen. Thymianzweig entfernen. Einige Pilze aus der Brühe nehmen und als Einlage zurückbehalten, den Rest im Mixer pürieren.

5 Mit Kümmel, Knoblauch, Muskat und Aquavit pikant würzen.

6 Mit Einlage von zurückbehaltenen Pilzen servieren.

266 kcal *1113 kJ*

Kürbis-Kartoffelgratin

200 g reifer Kürbis,
200 g Kartoffeln,
1 Zwiebel,
200 g Sahne,
50 g Crème fraîche,
1/2 Knoblauchzehe,
Salz,
Pfeffer,
etwas Fenchelgrün

1 Kürbisfleisch in feine Streifen schneiden.

2 Kartoffeln schälen, fein hobeln.

3 Zwiebel abziehen, feinwürfeln und in eine gefettete Auflaufform streuen.

4 Kürbis und Kartoffelscheiben darauf verteilen.

5 Sahne mit Crème fraîche, abgezogener, zerdrückter Knoblauchzehe, Salz, Pfeffer und

Fenchelgrün mischen, über die Scheiben gießen und im vorgeheizten Backofen bei 150 Grad ca. 50 Minuten garen.

Falls die Sahnemasse zu dunkel wird, und das Gratin noch nicht gar ist, Oberfläche mit Folie abdecken.

248 kcal *1037 kJ*

Hasenrücken mit glasierten Weintrauben

1 kg frische Hagebutten,
100 g Johannisbeergelee,
1/10 Liter Rotwein,
Saft einer Zitrone,
1 Eßlöffel Honig,
1-2 Hasenrücken je nach Größe,
Salz,
Pfeffer,
4 Eßlöffel Olivenöl,
400 g Speckstreifen (dünn geschnitten),
500 g Trauben (blau und grün gemischt),
40 g Butter,
10 g Zucker,
einige Weinblätter zum Garnieren

1 Hagebutten entkernen, Schalen im Mixer mit Johannisbeergelee, Wein, Zitronensaft und Honig pürieren.

2 Hasenrücken mit einem scharfen Messer enthäuten (oder von Ihrem Fleischer enthäuten lassen), zart salzen und pfeffern und in erhitztem Öl scharf anbraten.

3 Rücken mit Speckstreifen belegen, in Alufolie wickeln und im vorgeheizten Backofen bei 200 Grad ca. 30 Minuten garen, dann Speckstreifen entfernen (sie werden nicht mehr gebraucht).

4 Trauben waschen, halbieren und entkernen. Butter und Zucker in einer Pfanne schmelzen und Trauben kurz darin anschmoren.

5 Hasenrücken auslösen: Mit einem scharfen Messer am Rückrat entlang schneiden, Klinge leicht schräg führen und Fleisch von den Rippen lösen. Dann Rückenfilets in Scheiben schneiden und auf Weinblättern mit Trauben und Hagebuttensauce anrichten.

6 Flüssigkeit aus der Alufolie über das Fleisch gießen.

1441 kcal *6022 kJ*

Crêpes mit geschmorten Pflaumen

90 g Weizenvollkornmehl,
10 g Buchweizenmehl,
1 Ei, 2 Eßlöffel Sahne,
1 Prise Salz,
40 g Butter oder Margarine,
abgeriebene Schale einer ungespritzten Zitrone,
300 g Pflaumen,
2 Eßlöffel Honig,
1/2 Teelöffel Zimt,
4 cl Armagnac

1 Aus Weizen- und Buchweizenmehl, Ei, Sahne, Salz, 10 g weicher Butter und Orangenschale einen Teig rühren und ca. 30 Minuten stehen lassen.

2 Pflaumen entsteinen. Honig mit Zimt und Armagnac in einer Pfanne schmelzen lassen und bei geringer Hitze Pflaumen darin kurz schmoren. Warmstellen.

3 Mit der restlichen Butter zarte Crêpes backen, mit den warmen Pflaumen füllen und sofort servieren.

Dazu paßt Schlagsahne mit Vanille und Pistazien.

298 kcal *1246 kJ*

Herbstlich bunte Salate

Novembersalat mit Hühnerfleisch und gemischten Pilzen

500 g Feldsalat,
200 g Mischpilze (ersatzweise Champignons),
7 Eßlöffel Erdnußöl,
50 g Soja-Keime,
100 g Kastanien,
200 g gegarte Hühnerbrust,
1 Knoblauchzehe, 4 rote Zwiebeln,
2 Eßlöffel japanische Soja-Sauce,
Pfeffer,
3 Eßlöffel Essig, 1 Eßlöffel Sherry,
1 Teelöffel Honig,
ein paar Tropfen Sesamöl,
50 g gehackte Walnüsse

1 Feldsalat verlesen, Stiele abschneiden, waschen und gut abtropfen lassen.

2 Mischpilze putzen, waschen, etwas salzen und in 2 Eßlöffeln Öl braten, bis alle Flüssigkeit verdampft ist.

3 Soja-Keime waschen.

4 Kastanien einschneiden, in der Pfanne trokken anrösten, Schale entfernen und Kastanien feinhacken.

5 Hühnerfleisch in Streifen schneiden.

6 Feldsalat auf 4 Teller verteilen, die vorbereiteten Salatzutaten dekorativ arrangieren.

7 Knoblauchzehen abziehen und zerdrücken.

8 Zwiebeln abziehen und kleinschneiden. Knoblauch und Zwiebeln mit Essig, Sherry, Honig und Öl mischen.

9 Sauce über den Salat gießen. Salat mit gehackten Walnüssen bestreut servieren.

436 kcal *1824 kJ*

Herbstlicher Pilzsalat

6 Eßlöffel Himbeeressig,
2 Eßlöffel Rosée-Wein,
3 Eßlöffel japanische Soja-Sauce,
1 Teelöffel Honig,
1 Teelöffel gehackte Kräuter: Kerbel und Fenchelgrün,
Cayennepfeffer,
8 Eßlöffel Walnußöl,
8 Champignons oder vier Steinpilze,
200 g Kürbisfleisch,
1 kleiner Kopf Salat: Frisee, Endivie oder ein anderer der Saison,
1 Fleischtomate,
100 g grüne Bohnen,

2 kleine rote Zwiebeln,
1 große Möhre

1 Himbeeressig, Wein, Scja-Sauce, Honig, Kräuter und Walnußöl kräftig verrühren und mit etwas Cayennepfeffer abschmecken.

2 Champignons oder Steinpilze putzen und waschen.

3 Kürbisfleisch und Pilze in sehr feine Scheiben schneiden.

4 Die Scheiben in 3 Eßlöffeln Marinade wenden, bis zum Gebrauch kühl stellen.

5 Salat waschen, gut abtropfen lassen, in mundgerechte Stücke zupfen und auf vier Teller verteilen.

6 Blumenkohlröschen und grüne Bohnen putzen, im kochenden Wasser etwa 3 Minuten blanchieren, dann kalt abbrausen.

7 Tomate überbrühen, abziehen, entkernen und das Fleisch in zarte Streifen schneiden.

8 Zwiebeln abziehen, Blumenkohlröschen und Zwiebeln in dünne Scheiben schneiden.

9 Möhre schälen und auf einer Reibe fein raspeln.

10 Die marinierten Pilz- und Kürbisscheiben und alle anderen Salatzutaten dekorativ auf den Blättern anordnen und mit dem Rest der Marinade übergießen.

289 kcal *1207 kJ*

Pfifferling-Böhnchen-Salat mit Geflügel

125 g gelbe Bohnen,
125 g grüne Bohnen,
1 Stengel Bohnenkraut,
1 Liter Fleischbrühe,
1 rote Paprikaschote,
1 grüne Paprikaschote,
150 g Pfifferlinge,
2 kleine Zwiebeln,
250 g gegarte Putenbrust,
1 Eßlöffel Erdnußmus,
6 Eßlöffel Distelöl,
3 Eßlöffel Zitronenessig,
2 Knoblauchzehen,
4 Eßlöffel japanische Soja-Sauce,
Pfeffer,
Cayennepfeffer

1 Gelbe und grüne Bohnen waschen und in Stücke schneiden.

2 Bohnen mit Bohnenkraut in der Brühe ca. 20 Minuten garen. Auf ein Sieb gießen und abkühlen lassen.

3 Paprikaschoten halbieren, entkernen und in Streifen schneiden.

4 Pfifferlinge putzen, waschen, halbieren und in etwas Salzwasser in einer Pfanne aufkochen lassen, bis das Wasser verdampft ist, kühl stellen.

5 Zwiebeln abziehen und in Ringe schneiden.

6 Putenbrust würfeln.

7 Bohnen mit kleingewürfelter Putenbrust, Paprikastreifen und Zwiebelringen vermischen.

8 Erdnußmus mit Öl, Zitronenessig, abgezogenen zerdrückten Knoblauchzehen, Soja-Sauce, Pfeffer und Cayennepfeffer verrühren, abschmecken und über die Zutaten gießen.

9 Salat gut durchziehen lassen.

349 kcal *1457 kJ*

Tip

Statt frischer Bohnen können Sie auch rote oder schwarze aus der Dose verwenden. Das Ganze gibt dem Salat dann eine mexikanische Note.

Herbstlich bunte Salate

Herbstsalat mit Fischkroketten

4 Tomaten,
2 gelbe Paprikaschoten,
200 g grüne Bohnen,
2 Eßlöffel Perlzwiebeln (Glas),
4 Eßlöffel Kräuteressig,
2 Eßlöffel gehackte, gemischte Kräuter:
Schnittlauch, Petersilie, Kresse, Dill,
4 Eßlöffel japanische Soja-Sauce,
8 Eßlöffel Distelöl,
1 Teelöffel scharfer Senf,
1 Paket Fischkroketten (tiefgekühlt),
4 Eßlöffel Öl

1 Tomaten waschen, vom Stielansatz befreien, achteln.

2 Paprikaschoten waschen, halbieren, von Kernen und weißen Teilen befreien und in Streifen schneiden.

3 Grüne Bohnen in etwas Salzwasser ca. 15 Minuten garen, kalt abbrausen.

4 Alle Salatzutaten auf 4 Schüsseln verteilen.

5 Aus Essig, Kräutern, Soja-Sauce, Öl und Senf eine Salatsauce rühren.

6 Kroketten im erhitzten Öl bei mittlerer Hitze goldbraun braten, auf Küchenkrepp abtropfen lassen, etwas zerpflücken und heiß in den Salat geben. Salatsauce darübergießen oder separat reichen.

444 kcal — *1854 kJ*

Tip

Salate geben den Auftakt in einem Menü und begleiten ein Gericht als erfrischende Beilage. Sie bieten eine eigenständige Zwischenmahlzeit, besonders wenn sie mit Fisch oder Fleisch kombiniert sind. Der berühmte Salat Nicoise ist ein Beispiel dafür. Aber es muß nicht immer Thunfisch sein. Auch andere Fischsorten, Krabben oder Muscheln sind geeignet.

Blattsalat mit Forellenfilet

1 Blattsalat,
1 Grapefruit,
2 Schalotten,
1 Fleischtomate,
1 kleiner Kohlrabi,
4 geräucherte Forellenfilets,
2 ungespritzte Zitronen,
1 Becher Joghurt,
Saft einer Orange,
2 Eßlöffel Öl,
2 Teelöffel frisch geriebener Meerrettich,
2 Eßlöffel Crème fraîche,
etwas Salz,
etwas Zucker,
2 Teelöffel Kapern

1 Salat waschen, abtropfen lassen und in mundgerechte Stücke zupfen.

2 Grapefruit wie einen Apfel schälen und in Stücke schneiden.

3 Schalotten abziehen, in feine Ringe schneiden.

4 Tomate waschen, halbieren, entkernen und in Streifen schneiden.

5 Kohlrabi schälen und raspeln.

6 Die Haut der Forellenfilets abziehen und das Fleisch schräg in Scheiben schneiden.

7 Salatzutaten dekorativ auf 4 Teller verteilen, zwischen die Forellenfiletstücke die Scheiben von Zitronen stecken.

8 Joghurt, Orangensaft und Öl verrühren, über den Salat geben.

9 Meerrettich mit Crème fraîche, Salz und Zucker mischen, je eine Portion in die Mitte eines Salattellers setzen und mit Kapern bestreut servieren.

218 kcal *909 kJ*

Herbstlich bunte Salate

Endiviensalat mit Wildbeeren

80 g Sechskornmischung,
1 Kopf Endiviensalat,
300 g Brombeeren,
100 g Preiselbeeren,
160 g Roquefort,
100 g Joghurt oder Kefir,
2 Teelöffel Honig,
2 Eßlöffel japanische Soja-Sauce,
Saft einer Zitrone,
1 Eßlöffel Walnußöl,
Pfeffer, Ingwer,
10 g Butter oder Margarine,
16 halbe Walnußkerne

1 Sechskornmischung ca. 48 Stunden in lauwarmem Wasser quellen lassen.

2 Salat putzen, waschen gut abtropfen lassen und in mundgerechte Stücke zupfen.

3 Brombeeren und Preiselbeeren verlesen und waschen. Einige Beeren zurückbehalten, die restlichen mit Joghurt oder Kefir, Honig, Soja-Sauce, Zitronensaft und Walnußöl im Mixer pürieren. Pikant mit Pfeffer und Ingwer abschmecken.

4 Roquefort in kleine Stücke zerteilen.

5 Gequollene Körner in erhitzter Butter oder Margarine kurz anrösten.

6 Alle vorbereiteten Salatzutaten auf vier Tellern arrangieren, jeweils Walnüsse dazugeben, mit Körnern überstreuen und die Salatsauce dazugießen.

468 kcal *1957 kJ*

Braunkappen-Salat

300 g frische Braunkappen,
20 g Butter oder Margarine,
Salz,
Pfeffer,
2 Eßlöffel gehackte Petersilie,
3 Eßlöffel Kresseblättchen,
1 Eßlöffel gehackte Sauerampferblättchen,
200 g gekochter Schinken oder
Kasseler-Aufschnitt,
1 Prise Zucker,
2 Eßlöffel Zitronenessig,
2 Eßlöffel japanische Soja-Sauce,
4 Distelöl

1 Pilze putzen, waschen, in Scheiben schneiden, in heißer Butter oder Margarine andünsten, etwas salzen, kräftig pfeffern und auskühlen lassen.

2 Petersilie, Kresseblättchen und feingehackten Sauerampfer mit den Pilzen mischen. Einige Kresseblättchen zum Garnieren zurücklassen.

3 Schinken oder Kasseler- Aufschnitt in Streifen schneiden, mit den Pilzen auf Salattellern arrangieren.

4 Aus Zucker, Essig, Öl und Soja-Sauce eine Salatsauce mischen und über dem Salat verteilen.

5 Mit Kresseblättchen garniert servieren.

314 kcal *1310 kJ*

Geflügelsalat mit Erdnüssen

100 g gegartes Geflügelfleisch,
6 Mandarinen
(oder eine kleine Dose),
200 g Erbsen (frisch oder tiefgefroren),
2 Scheiben Ananas,
2 Teelöffel Ketchup,
1/2 Becher saure Sahne,
2 Eßlöffel Kognac,
3 Eßlöffel japanische Soja-Sauce,
Saft einer Zitrone,
1 Teelöffel Curry-Pulver,
1 Teelöffel Honig,
Pfeffer,
Cayennepfeffer,
1 Prise Ingwer,
2 Eßlöffel Erdnüsse

1 Geflügelfleisch in Streifen schneiden.

2 Mandarinen schälen und in Filets teilen (Dosenware abtropfen lassen).

3 Erbsen in etwas Salzwasser kurz kochen, abgießen und kalt abbrausen, gut abtropfen lassen.

4 Ananas in kleine Stücke schneiden.

5 Aus Ketchup, Sahne, Kognac, Soja-Sauce und Zitronensaft eine Salatsauce rühren, mit Currypulver, Honig, Pfeffer und Cayennepfeffer pikant abschmecken.

6 Alle Salatzutaten in einer Schüssel mischen, Sauce dazugeben und gut durchziehen lassen.

7 Vor dem Servieren die Erdnüsse darüberstreuen.

250 kcal *1045 kJ*

Herbstlicher Tomatentopf

2 Zwiebeln,
6 Eßlöffel Olivenöl,
8 Gemüsetomaten,
80 g Erbsen,
1 Liter Brühe,
1/8 Liter Wein,
1 kleine Dose Mais, 70 g Oliven,
Cayennepfeffer, 2 Knoblauchzehen,
6 Eßlöffel japanische Soja-Sauce,
je 2 Zweige Thymian und Majoran,
200 g Fischfilet (Seelachs, Rotbarsch),
2 Eßlöffel Zitronensaft,
Worcestersauce,
Mehl zum Bestäuben

1 Zwiebeln abziehen, feinhacken, in 2 Eßlöffeln Öl andünsten.

2 Tomaten vom Stielansatz befreien, überbrühen, häuten und zusammen mit den Erbsen zu den Zwiebeln geben.

3 Brühe und Wein angießen.

4 Abgetropften Mais und die Oliven zufügen.

5 Mit Cayennepfeffer, abgezogenen zerdrückten Knoblauchzehen und Soja-Sauce abschmecken.

6 Thymian und Majoran waschen, zusammenbinden und mitkochen lassen.

7 Fischfilet in Stücke schneiden, mit Zitronensaft und etwas Worcestersauce würzen, mit Mehl bestäuben und in 4 Eßlöffeln Olivenöl kurz und kräftig anbraten.

8 In den Tomatentopf legen und noch etwa 10 Minuten ziehen lassen. Majoran und Thymian entfernen. Mit körnig gekochtem Reis vermischen oder Reis separat dazureichen.

335 kcal *1400 kJ*

Septembertopf mit Putenschmorfleisch

750 g Putenfleisch
(gut geeignet: Putenbraten),
Pfeffer,
Thymian,
Basilikum,
Rosmarin,
40 g Butter oder Margarine,
6 Eßlöffel japanische Soja-Sauce,
150 g Möhren,
100 g Erbsen,
1/4 Blumenkohl,
150 g grüne Bohnen,
100 g Maiskörner,
1 grüne Paprikaschote

1 Putenfleisch mit Pfeffer, Thymian, Basilikum und Rosmarin würzen.

2 Butter oder Margarine erhitzen und das Fleisch darin von allen Seiten anbraten.

3 1 Liter Wasser angießen, Soja-Sauce zugeben, ca. 30 Minuten schmoren lassen.

4 Möhren, Blumenkohl und Bohnen waschen. Möhren in Stifte schneiden, Blumenkohl in Röschen teilen, Bohnen eventuell abziehen und brechen, zusammen mit Erbsen und abgetropftem Mais zum Putenfleisch geben.

5 Weitere 30 Minuten zugedeckt schmoren lassen.

6 Fleisch aus dem Gemüsetopf nehmen, aufschneiden; Scheiben mit Gemüse anrichten. Dazu paßt ein Brot mit Kräuterbutter.

326 kcal *1361 kJ*

Tip

Es muß nicht immer ein Hähnchen, eine Poularde oder eine Pute im Ganzen sein. Kaufen Sie bratfertige Teile. Besonders bei grossen Geflügelarten wie Ente, Gans und Puter.

Hirse-Zucchini-Topf

100 g Kichererbsen,
250 g Zucchini,
2 Eßlöffel Zitronensaft,
1 Prise Salbei (gemahlen),
500 g Rindfleisch,
1 Teelöffel Paprikapulver,
4 Knoblauchzehen,
200 g Hirse,
30 g Maiskeimöl,
Pfeffer,
8 Eßlöffel japanische Soja-Sauce

1 Die Kichererbsen über Nacht einweichen und anschließend auf einem Sieb gut abtropfen lassen.

2 Zucchini waschen und in ca. 2 cm dicke Scheiben schneiden, mit Zitronensaft und Salbei würzen.

3 Rindfleisch würfeln, mit Kichererbsen, Paprikapulver, den abgezogenen zerdrückten Knoblauchzehen und 1 1/2 Liter Wasser in einem Topf zum Kochen bringen.

4 Deckel auflegen und alles ca. 1 1/2 Stunden sacht kochen lassen.

5 Ca. 15 Minuten vor Ende der Garzeit die Hirse zugeben.

6 Öl erhitzen und die Zucchinischeiben darin dünsten. Dann zum Eintopf geben, mit Pfeffer und Soja-Sauce abschmecken und bei geöffnetem Topf noch ca. 10 Minuten weitergaren.

670 kcal *2800 kJ*

Herzhafte Grießsuppe mit Sauerampfer und Melisse

20 g Grieß,
10 g Butter oder Margarine,
1 Liter Rinderbrühe,
40 g Sauerampfer,
2 Zweige Zitronenmelisse,
1/2 Teelöffel abgeriebene Zitronenschale,
ein paar Spritzer Tabasco,
Pfeffer,
1/10 Liter Sahne,
1 Eigelb,
10 g geröstete Mandelblättchen

1 Grieß in erhitzter Butter oder Margarine kurz anrösten, mit Brühe auffüllen und etwa 15 Minuten kochen lassen.

2 Sauerampfer und Zitronenmelisse waschen und feinhacken.

3 Brühe mit abgeriebener Zitronenschale, Tabasco und Pfeffer abschmecken. Topf von der Kochstelle nehmen. Sauerampfer und Melisse hineingeben.

4 Sahne mit Eigelb verschlagen und unter die nicht mehr kochende Suppe ziehen.

6 Vor dem Servieren Mandelblättchen darüberstreuen.

370 kcal *1547 kJ*

Sahne und Eigelb verschlagen.

Suppe von der Kochstelle nehmen.

Legierung unter die nicht mehr kochende Suppe ziehen.

Pürierte Kürbissuppe mit Schwarzwurzeln

400 g Schwarzwurzeln,
20 g Butter oder Margarine,
1 mittelgroßer reifer Kürbis,
2 Eßlöffel Sesamsamen,
8 Eßlöffel japanische Soja-Sauce,
Muskat,
Pfeffer,
5 g frischer geriebener Ingwer,
Sesamöl,
Kresseblättchen zum Bestreuen

1 Schwarzwurzeln waschen, schälen, in Stücke schneiden und knapp mit Salzwasser bedeckt ca. 15 Minuten garen.

2 Butter oder Margarine erhitzen, die Schwarzwurzeln aus dem Wasser nehmen (Wasser für Kürbis weiterverwenden) und gut abgetropft im heißen Fett anbraten.

3 Kürbis halbieren, Kerne entfernen, schälen und würfeln. Im Wasser der Schwarzwurzeln ca. 20 Minuten garen. Im Mixer oder mit dem Mixstab zusammen mit den Sesamkörnern pürieren.

4 Mit Soja-Sauce, Muskat, Pfeffer, Ingwer und einigen Tropfen Sesamöl abschmecken.

5 Schwarzwurzeln zugeben, noch einmal kurz erhitzen und mit Kresseblättchen bestreut servieren.

1230 kcal *5141 kJ*

Erntedank-Suppen & -Eintöpfe

Erbsen-Bohnen-Topf

200 g Erbsen,
200 g Bohnen (bunte),
500 g Schweinefleisch,
1 Fleischtomate,
2 große Zwiebeln,
1 Eßlöffel Maiskeimöl,
1 Eßlöffel Tomatenmark,
1/2 Liter Fleischbrühe,
1/4 Teelöffel Safran,
2 Eßlöffel Zitronensaft,
Pfeffer,
Cayennepfeffer

1 Erbsen und Bohnen über Nacht einweichen.

2 Schweinefleisch in Würfel schneiden.

3 Fleischtomate mit heißem Wasser überbrühen und enthäuten.

4 Zwiebeln abziehen, würfeln und mit der zerkleinerten Tomate im erhitzten Öl andünsten.

5 Tomatenmark hinzufügen und alles ca. 5 Minuten schmoren lassen.

6 Erbsen, Bohnen und Fleischwürfel zu der Tomaten-Zwiebelmasse geben, Brühe angießen. Mit Safran, Zitronensaft, Pfeffer und Cayennepfeffer abschmecken, den Deckel auflegen und alles ca. 60 Minuten garen.

262 kcal *1095 kJ*

Haferkörner-Tomaten-Topf

100 g Haferkörner (grob geschrotet),
1 1/4 Liter Brühe,
2 Zwiebeln,
200 g Rinderhack,
1 Dose Mais,
Pfeffer, Paprika,
6 Eßlöffel japanische Soja-Sauce,
2 Knoblauchzehen,
400 g Tomaten,
1/10 Liter Sahne,
2 Eßlöffel gehacktes Basilikum

1 Haferkörner in der Brühe ca. 10 Minuten kochen.

2 Zwiebeln abziehen, hacken, Rinderhack und Zwiebelwürfel in erhitztem Öl kurz anbraten. Zu den Haferkörnern in die Brühe geben.

3 Mais abtropfen lassen, ebenfalls dazugeben.

4 Mit Pfeffer, Paprika, Soja-Sauce und den abgezogenen zerdrückten Knoblauchzehen würzen. Weitere 10 Minuten kochen lassen.

5 Tomaten vom Stielsansatz befreien, in heißes Wasser tauchen, kalt abspülen und häuten, in Scheiben schneiden und ca. 5 Minuten vor Ende der Garzeit in den Topf geben.

6 Vor dem Servieren pro Portion einen Eßlöffel steifgeschlagene Sahne auf die Suppe geben und mit Basilikum bestreuen.

350 kcal *1463 kJ*

Spanischer Gemüsetopf

400 g Rindergulasch,
2 Eßlöffel Olivenöl,
1 Zwiebel,
1 Aubergine,
1 Zucchini,
1 rote Paprikaschote,
1 grüne Paprikaschote,
100 g Champignons,

1 1/2 Liter Brühe,
2 Knoblauchzehen,
Salz,
Pfeffer,
1/2 Teelöffel Kreuzkümmel (gemahlen)

1 Gulasch in erhitztem Olivenöl anbraten.

2 Zwiebel abziehen, zum Gulasch geben.

3 Aubergine, Zucchini, Paprikaschoten waschen. Aubergine in Scheiben schneiden. Paprikaschoten halbieren, die weißen Teile und Kerne entfernen und grob zerkleinern. Champignons putzen und blättrig schneiden.

4 Alle vorbereiteten Zutaten zum Rindfleisch in den Topf geben, Brühe angießen, mit den abgezogenen zerdrückten Knoblauchzehen, etwas Salz, Pfeffer und Kreuzkümmel würzen und ca. 30 Minuten kochen lassen.

249 kcal *1040 kJ*

Selleriesamtsuppe

1 kleine Sellerieknolle,
1 Kartoffel,
1 Stange Porree,
20 g Butter oder Margarine,
1 1/4 Liter Brühe,
etwas Zitronensaft,
1/8 Liter Sahne,
1 Eigelb,
weißer Pfeffer,
Salz,
1 Eßlöffel geröstete Haselnußblättchen,
einige Taubnesselblüten und -blätter

1 Sellerie und Kartoffel waschen, schälen und kleinschneiden.

2 Porree von den harten grünen Teilen befreien, waschen und die weißen Teile zerkleinern.

3 Alles in erhitzter Butter oder Margarine kurz andünsten, dann mit Brühe und Zitronensaft auffüllen und ca. 20 Minuten kochen lassen.

4 Im Mixer oder mit dem Mixstab pürieren, Topf von der Kochstelle nehmen.

5 Sahne und Eigelb verrühren und in die nicht mehr kochende Suppe geben. Mit Pfeffer und Salz abschmecken.

6 Haselnußblättchen auf die Suppe streuen, mit gewaschenen Taubnesselblüten und -blättern garniert servieren.

211 kcal *881 kJ*

Tip

Bis spät in den Herbst hinein findet man immer noch blühende Taubnesseln. Die weißen oder gelben Blüten und die Blätter sind nicht nur eine originelle Dekoration, sie enthalten auch wertvolle Heilstoffe.

Gefüllte Gurken mit Kartoffelschnee

400 g mehligkochende Kartoffeln,
40 g Kräuterbutter,
1 Schlangengurke,
1 Zwiebel,
250 g Hackfleisch,
4 Eßlöffel japanische Soja-Sauce,
1 Teelöffel Zitronensaft,
Cayennepfeffer,
1 Teelöffel scharfer Senf,
2 Eßlöffel Mandelblättchen,
1 Teelöffel Dill,
4 Scheiben Gouda

1 Kartoffeln schälen und ca. 20 Minuten in Salzwasser kochen.

2 Kräuterbutter in je 10 g-Stücke teilen und bis zur Verwendung kühl stellen.

3 Schlangengurken der Länge nach halbieren, entkernen und auf gefettete Alufolie setzen.

4 Zwiebel abziehen und fein würfeln.

5 Hackfleisch mit Zwiebelwürfeln, Soja-Sauce, Zitronensaft, Cayennepfeffer und Senf mischen, Mandelblättchen und Dill dazugeben. Mit etwas Zucker abschmecken und in die Gurken füllen.

6 Im vorgeheizten Backofen bei 180 Grad ca. 40 Minuten backen, 5 Minuten vor Ende der Backzeit die Käsescheiben auflegen.

7 Kartoffeln abgießen und portionsweise durch eine Presse direkt auf die Teller drücken, mit Kräuterbutter belegt zu den Gurken servieren.

494 kcal *2064 kJ*

Gefüllte Pflaumen auf Naturreis

250 g Naturreis,
2 Zwiebeln,
1 Nelke,
200 g Hackfleisch,
20 g Mandeln (gemahlen),
8 Eßlöffel japanische Soja-Sauce,
1 ungespritzte Orange,
1 Teelöffel grüner Pfeffer,
1 Prise Zimt,
1 Prise Anis,
8 dicke Pflaumen,
1/4 Liter Brühe,
10 g Stärke,
1 Teelöffel Honig

1 Reis in Salzwasser zum Kochen bringen.

2 Zwiebeln abziehen, eine mit der Nelke spicken und zum Reis geben, die andere feinwürfeln und kurz heiß überbrühen.

3 Hackfleisch mit Mandeln und 4 Eßlöffeln Soja-Sauce mischen.

4 Orange waschen, Schale dünn schälen und in feine Streifen schneiden, die Hälfte feinwürfeln und zur Hackfleischmasse geben. Rest der Streifen zum Garnieren zurückbehalten.

5 Orangensaft auspressen, mit 1 Eßlöffel Saft und den Gewürzen die Masse pikant abschmecken.

6 Pflaumen waschen, halb aufschneiden und den Stein herauslösen. Mit Hackfleischmasse füllen.

7 Gefüllte Pflaumen in eine gefettete feuerfeste Form setzen, Brühe angießen und im vorgeheizten Backofen bei 180 Grad ca. 20 Minuten garen.

8 Pflaumen aus dem Fond heben und warmstellen.

9 Fond eventuell mit etwas Brühe auf gut 1/4 Liter auffüllen, mit kalt angerührter Stärke binden.

10 Mit restlicher Soja-Sauce und etwas Honig abschmecken.

11 Zwiebel aus dem Reis entfernen. Reis mit etwas Anis und gehacktem Kerbel bestreuen und zu den Pflaumen servieren.

12 Pflaumen mit Orangenstreifen garnieren.

486 kcal — 2033 kJ

Hacksteak mit Spiegelei im grünen Bett

4 Teelöffel Weizenkörner
(ersatzweise kernige Haferflocken),
500 g Hackfleisch, 1 Stange Porree,
50 g Sojabohnenkeime, 4 Eier,
2 Eßlöffel japanische Soja-Sauce,
1 Teelöffel Senf, Pfeffer,
2 Eßlöffel Distelöl,
1 mittelgroße Zwiebel,
10 g Butter oder Margarine,
8-12 Huflattichblätter (sehr kleine),
ersatzweise Chicoree oder Kopfsalat

1 Weizenkörner ca. 2 Tage quellen lassen (am besten auch länger, bis sie zu keimen beginnen).

2 Porree waschen, die dunklen harten Teile entfernen und den hellen Teil sehr fein hacken.

3 Hackfleisch mit eingeweichten Weizenkörnern (ersatzweise Haferflocken), Porree, gewaschenen und gehackten Sojabohnenkeimen und einem Ei mischen.

4 Mit Soja-Sauce, Senf und Pfeffer abschmecken.

5 Flache Scheiben formen und in erhitztem Öl braten.

6 Zwiebel abziehen, in feine Streifen schneiden und in Butter oder Margarine glasig dünsten.

7 Huflattichblätter (ersatzweise Salat) waschen, zu den Zwiebelwürfeln geben, etwas andünsten, dann 4 Spiegeleier auf die Blätter setzen und bei nicht zu starker Hitze stocken lassen. Zusammen mit den Hacksteaks servieren.

588 kcal — 2458 kJ

Huflattich-Kartoffel-Gratin

8 kleine Huflattichblätter,
8 Kartoffeln, 2 Zwiebeln,
2 Eßlöffel Walnußöl,
1/10 Liter Brühe,
100 g Gouda (mittelalt),
50 g gehackte Walnüsse,
Pfeffer aus der Mühle

1 Huflattichblätter waschen und in Streifen schneiden.

2 Kartoffeln schälen, waschen und in sehr feine Scheiben hobeln.

3 Zwiebeln abziehen, in feine Ringe schneiden.

4 Öl in einer Auflaufform erhitzen und Zwiebeln, Kartoffeln und Huflattichblätter hineingeben.

5 Die Brühe angießen und alles aufkochen lassen. Hitze reduzieren und ca. 8 Minuten leise kochen lassen. Die Flüssigkeit soll fast verdampft sein.

6 Die Goudascheiben über das Kartoffelgemisch legen, mit gehackten Nüssen bestreuen und im vorgeheizten Backofen weitere 5 Minuten überbacken.

7 Mit frischem Pfeffer bestreut servieren.

321 kcal — 1342 kJ

Tip

Auch im Herbst findet man noch kleine Huflattichblätter. Dazu nimmt man aus der Mitte der Stauden die nachwachsenden Blätter. Anstelle von Wildgemüse kann man auch feingeschnittenen Salat oder Blattspinat verwenden.

Brot-Zwiebel-Torte

200 g Roggenbrotscheiben,
2 Eßlöffel Öl,
250 g Mortadella
(oder Knoblauchfleischwurst),
5 Zwiebeln,
2 Knoblauchzehen,
200 g magerer geräucherter Schinken,
200 g Weißbrot,
1/8 Liter Milch,
4 Eier,
1/4 Liter Sahne-Dickmilch,
100 g geriebener Gouda,
Pfeffer aus der Mühle,
Schnittlauchröllchen zum Bestreuen

1 Brotscheiben von Rinde befreien, mit Wurst und den abgezogenen feingehackten Zwiebeln in erhiztem Öl anrösten.

2 Scheiben in eine gefettete Auflaufform legen. Wurst und Zwiebeln darauffüllen.

3 Knoblauchzehen abziehen, zerdrücken und dazugeben.

4 Schinken kleinschneiden, darüber verteilen.

5 Mit Weißbrotscheiben abdecken.

6 Milch, Eier, Sahne und Gouda mischen, darübergießen, mit Pfeffer aus der Mühle würzen und im vorgeheizten Backofen bei 175 Grad ca. 1 Stunde backen. Mit Schnittlauchröllchen bestreut servieren.

898 kcal *3753 kJ*

Wirsing-Säckchen auf Tomatensauce

1 kleiner Wirsing

Füllung:

500 g Tomaten,

400 g Hähnchenbrustfilet,

20 g Butter oder Margarine,

150 g Sojabohnenkeime,

Salz, Pfeffer,

1 Eßlöffel frisch gehacktes Basilikum

Sauce:

2 Zwiebeln,

1 Knoblauchzehe,

1 Eßlöffel Olivenöl,

1 Dose geschälte Tomaten,

1/4 Liter Brühe,

1 Eßlöffel japanische Soja-Sauce,

Paprikapulver,

Pfeffer

Zum Bestreuen:

2 Eßlöffel geröstete Sesamsamen

1 Wirsing in einzelne Blätter zerlegen, waschen, harte Blattenden abschneiden und die Blätter in kochendem Salzwasser kurz blanchieren, herausnehmen und auf Küchenpapier gut abtropfen lassen.

2 500 g Tomaten waschen, halbieren, entkernen und das Fruchtfleisch in feine Streifen schneiden. Hähnchenfilet ebenfalls in Streifen schneiden.

3 Butter oder Margarine schmelzen, und die Hähnchenstreifen kurz von allen Seiten darin anbraten. Tomatenstreifen, Sojabohnenkeime, die Gewürze und Kräuter zugeben, kurz mitdünsten und abschmecken.

4 Kohlblätter nebeneinander auf eine Arbeitsfläche legen, und jeweils etwas von der vorbereiteten Masse daraufsetzen und in das Wirsingblatt einschlagen. Die Wirsingpäckchen in die Mitte einer Serviette legen, einen Beutel formen, gut „auswringen".

5 Zwiebeln und Knoblauchzehe abziehen, Zwiebel kleinwürfeln, und Knoblauchzehe zerdrücken.

6 Tomaten aus der Dose abtropfen lassen. Mit Brühe und Gewürzen in eine Auflaufschale geben, die Kohlsäckchen daraufsetzen und im vorgeheizten Backofen, mit Alufolie abgedeckt bei 175 Grad ca. 20-25 Minuten garen. Mit gerösteten Sesamsamen bestreut servieren.

180 kcal *752 kJ*

Lammhackspieß mit Käse gefüllt zu Rotkohlsalat

1/2 Rotkohl,
1/2 Liter Brühe,
5 Eßlöffel Rotweinessig,
5 Eßlöffel Apfelsaft,
Zucker, Salz,
Pfeffer,
4 Eßlöffel Walnußöl,
1 Apfel,
2 Eßlöffel Schnittlauchröllchen,
400 g Hackfleisch
(Lamm, oder Lamm und Rind gemischt),
1 Ei,
2 Eßlöffel Paniermehl,
1 Zwiebel,
2 Knoblauchzehen,
Pfeffer, Cayennepfeffer,
1 Teelöffel Oregano,
4 Eßlöffel japanische Soja-Sauce,
150 g Schafskäse,
1 rote Paprikaschote,
1 grüne Paprikaschote,
4 rote Schalotten,
4 weiße Schalotten,
etwas Soja-Öl zum Bestreichen

1 Rotkohl waschen, den Strunk herausschneiden und den Kohl fein hobeln.

2 Brühe mit Rotweinessig, Apfelsaft und Zucker aufkochen und heiß über den Rotkohl gießen. Nach Erkalten eventuell mit noch etwas Salz abschmecken, Pfeffer und einen geriebenen Apfel und Öl untermischen, mit Schnittlauchröllchen bestreuen.

3 Hackfleisch mit Ei und Paniermehl mischen.

4 Zwiebel und Knoblauchzehen abziehen und feinhacken.

5 Mit Pfeffer, Cayennepfeffer, Oregano und Soja-Sauce abschmecken.

6 Käse in nußgroße Stücke teilen, aus dem Hackfleisch Bällchen formen und jeweils ein Stück Käse in die Mitte stecken.

7 Paprikaschoten waschen,halbieren, die weißen Teile und Kerne entfernen und die Schoten in nicht zu kleine Stücke schneiden.

8 Schalotten abziehen und vierteln.

9 Bällchen, Paprikastücke und Zwiebelviertel bunt abwechselnd auf vier Spieße verteilen, mit Öl einpinseln und unter dem Grill im Backofen bei ständigem Drehen ca. 25 Minuten garen. Mit Rotkohlsalat servieren.

590 kcal *2466 kJ*

Tip

In Alufolie eingewickelt lassen sich die Spieße im vorgeheizten Backofen bei 200 Grad in ca. 30 Minuten je nach Dicke der Hackfleischbällchen garen. Gegen Ende der Garzeit kann man die Folie entfernen und die Spieße bei starker Oberhitze kurz bräunen.

Fisch-Lauch-Filets

4 Fischfilets
(Seelachs, Heilbutt oder Kabeljau),
Salz, Pfeffer,
Worcestersauce,
Saft einer Zitrone,
2 Stangen Porree,
200 g Möhren,
2 Gemüsezwiebeln,
20 g Butter oder Margarine,
1/10 Liter Weißwein,
1/10 Liter Sahne,
1/10 Liter Brühe

1 Fischfilets von Gräten befreien, salzen, pfeffern, mit ein paar Spritzern Worcestersauce und dem Zitronensaft würzen.

2 In eine gefettete, feuerfeste Form legen.

3 Die harten grünen Teile vom Porree entfernen, die weißen Teile waschen und in feine Ringe schneiden.

4 Möhren waschen, schälen, in Scheiben, Zwiebeln abziehen und in Streifen schneiden.

5 Butter oder Margarine erhitzen, Porree, Möhren und Zwiebeln darin andünsten, Wein, Sahne und Brühe angießen und kräftig durchkochen lassen.

6 Über die Fischfilets gießen, mit Alufolie gut abdecken und im vorgeheizten Backofen bei 200 Grad ca. 30 Minuten garen. Zu lockerem Reis oder Kartoffelschnee servieren.

279 kcal *1166 kJ*

Köstliche Nachspeisen mit Beeren

Birnenkompott mit Ebereschen und Brombeeren

4 saftige Birnen,
300 g Ebereschenbeeren,
1/4 Liter Weißwein,
2 Eßlöffel Zucker,
1/2 Zimtstange,
Schale einer ungespritzten Zitrone,
2 Teelöffel Honig,
300 g Brombeeren,
4 cl Kroatzbeerlikör

1 Birnen schälen, halbieren, das Kerngehäuse herausschneiden. Birnen in Spalten schneiden.

2 Ebereschenbeeren waschen, mit den Birnenspalten, 1/4 Liter Wasser, Weißwein, Zucker, Zimt und Zitronenschale aufkochen und im Sud auskühlen lassen.

3 Mit Honig abschmecken.

4 Brombeeren verlesen, waschen, gut abtropfen lassen und in Kroatzbeerlikör marinieren.

5 Birnen, Ebereschenbeeren und Brombeeren mit etwas Sud und Marinierflüssigkeit servieren.

Dazu paßt Vanille-Quark oder Vanille-Sahne.

330 kcal *1379 kJ*

Gerstengrütze mit Brombeer-Berberitzen

300 g Brombeeren,
100 g Berberitzen,
100 g Gelierzucker,
2 cl Kroatzbeerlikör,
1/2 Teelöffel Zimt,
1 Teelöffel abgeriebene Orangenschale

Gerstengrütze

1/2 Liter Milch,
Salz,
80 g Butter oder Margarine,
Mark einer Vanilleschote,
250 g Gerstenschrot,
1 Eßlöffel Rosinen,
1 Eßlöffel gemahlene Walnüsse,
1 Eßlöffel Sesamsamen,
1/8 Liter Sahne,
1 Eßlöffel Honig

1 Brombeeren und Berberitzen waschen und verlesen.

2 Mit Gelierzucker aufkochen, im Mixer pürieren und durch ein Sieb streichen.

3 Mit Likör, Zimt und abgeriebener Orangenschale abschmecken und erkalten lassen.

4 Milch mit Salz, 40 g Butter oder Margarine und Vanillemark aufkochen, Gerstenschrot einrühren, Topf von der Kochstelle nehmen und ca. 30 Minuten ausquellen lassen.

5 Rosinen, Walnüsse, Sesamsamen, Sahne und Honig untermischen, restliche Butter oder Margarine zugeben und in eine gefettete feuerfeste Form füllen. Im vorgeheizten Backofen bei 180 Grad ca. weitere 30 Minuten garen.

Mit Gelee warm oder kalt servieren.

736 kcal *3076 kJ*

Holunderspeise mit Apfel- und Birnenspalten

400 g Holunderbeeren,
100 g Honig, Saft einer Zitrone,
1 Teelöffel abgeriebene Zitronenschale,
1 Eßlöffel Stärke,
1 Prise Anis, 2 cl Crème de Cassis,
2 Äpfel, 2 Birnen,
2 Eßlöffel brauner Zucker,
1/4 Liter Weißwein

1 Holunderbeeren in wenig Wasser aufsetzen, kurz kochen lassen und durch ein Sieb streichen.

2 Saft wieder zum Kochen bringen und mit kalt angerührter Stärke binden.

3 Mit Honig, Zitronensaft und -schale, Anis und Crème de Cassis abschmecken.

4 Äpfel und Birnen schälen, vierteln, Kerngehäuse entfernen und in Spalten schneiden.

5 Mit Zucker und Weißwein erhitzen. Flüssigkeit fast verkochen lassen.

6 Holunderspeise über die Spalten gießen, warm oder kalt servieren.

Zu dieser Speise kann man Grießnockerln oder einen süßen Reis reichen.

319 kcal *1333 kJ*

Tip

Wildbeeren wie Berberitzen, Sanddorn, Schlehen oder Ebereschen enthalten viel Säure. Sie wirken stark gelierend. Wenn Sie Gelee oder Marmelade daraus kochen, können Sie normalen Zucker statt Gelierzucker verwenden.

Köstliche Nachspeisen mit Beeren

Gewürz-Quarkkugeln mit Birnen-Preiselbeermus

100 g Crème fraîche,
1 Ei,
abgeriebene Schale einer ungespritzten Zitrone,
60 g Zucker,
Mark einer Vanilleschote,
1 Messerspitze Ingwerpulver,
1 Messerspitze Zimt,
1 Messerspitze Anis,
3 Blatt weiße Gelatine,
2 Äpfel,
200 g Preiselbeeren,
1/4 Liter Weißwein,
4 Teelöffel Honig,
Schale einer ungespritzten Orange,
1 Eßlöffel geröstete Mandelblättchen

1 Crème fraîche wie Sahne aufschlagen.

2 Ei trennen, Eiweiß mit Zucker steifschlagen.

3 Zitronenschale, Zucker, Vanillemark, Ingwer, Zimt, Anis, Eigelb und Eischnee mit Crème fraîche und Quark mischen.

4 Gelatine nach Vorschrift der Packung auflösen, unter die Quarkmasse ziehen, Creme im Kühlschrank fest werden lassen.

5 Einen Eisportionierer in heißes Wasser tauchen und Kugeln aus der Creme stechen.

6 Birnen schälen, vierteln, Kerngehäuse entfernen, Viertel fein würfeln.

7 Preiselbeeren waschen, mit Birnenwürfeln in Weißwein ca. 10 Minuten kochen lassen, dann mit dem elektrischen Mixstab pürieren und mit Honig süßen.

Gewürze, abgeriebene Zitronenschale und aufgelöste Gelatine in die Quark-Creme rühren.

Creme im Kühlschrank fest werden lassen. Einen Eisportionierer in heißes Wasser tauchen, und Kugeln aus der Creme stechen.

8 Mus zu den Gewürzquarkkugeln reichen.

290 kcal *1212 kJ*

Herzhafte Preiselbeer-Bananen mit Honigsauce

150 g Preiselbeeren,
2 Eßlöffel brauner Zucker,
2 große Bananen,
1/4 Teelöffel Ingwer,
20 g Butter oder Margarine,
2 Eßlöffel Honig

1 Preiselbeeren waschen, mit etwas Wasser und dem Zucker aufkochen, dann auskühlen lassen.

2 Bananen abziehen, der Länge nach halbieren, in Scheiben schneiden und mit Ingwer bestreuen.

3 Butter oder Margarine erhitzen, Bananenscheiben darin kurz anbraten. Aus der Pfanne nehmen und warmstellen.

4 Honig bei mäßiger Hitze in der Pfanne schmelzen.

5 Preiselbeeren und Bananen auf vier Teller verteilen, Honigsauce darübergießen und sofort servieren.

160 kcal *668 kJ*

Tip

Honig ist nicht gleich Honig. Es gibt ihn in verschiedenen Geschmacksrichtungen, von herb bis lieblich. Die lieblichen Sorten sind Klee- und Lindenblütenhonig, zu den herberen gehören Tannen- und Waldhonig. Zu Preiselbeeren, die einen leicht bitteren Geschmack haben, paßt ein lieblicher Honig und das milde Aroma der Banane. Honig ist empfindlich gegen zu starke Hitze. Sie zerstört ein Teil seiner gesundheitlich wertvollen Stoffe. Erwärmen Sie ihn deshalb möglichst nur, bis er dünnflüssig zu werden beginnt und servieren Sie ihn lauwarm.

Köstliche Nachspeisen mit Beeren

Grießpudding mit Hagebuttensauce

Pudding:

1/4 Liter Milch,

125 g Grieß, 1 Prise Salz,

2 Eßlöffel Butter oder Margarine,

75 g Zucker, 3 Eier,

20 g geriebene Mandeln,

abgeriebene Schale von einer halben ungespritzten Zitrone

Sauce:

1 Kilo Hagebutten,

150 g Zucker, 1 Tasse Weißwein,

einige Eßlöffel Crème fraîche

1 Milch zum Kochen bringen, den Grieß einstreuen, Salz und 1 Eßlöffel Butter dazugeben und alles zu einem dicken Kloß abkochen.

2 Grießkloß in eine Schüssel geben und sofort 1 Eigelb untermischen.

3 Den zweiten Eßlöffel Butter schaumig rühren. Zucker, die zwei weiteren Eigelb, Zitronenschale, Mandeln und nach und nach den Grießkloß untermischen.

4 Zum Schluß, das steifgeschlagene Eiweiß locker unterheben.

5 Die Masse in eine gebutterte und mit Semmelbröseln ausgestreute Puddingform füllen, gut verschließen und im Wasserbad 1 Stunde sacht kochen lassen.

6 Die Hagebutten waschen, von Blüten und Stielen befreien, zerschneiden, und die Kerne entfernen. Die Fruchthälften kurz abspülen, mit Wein in einen Topf geben und etwa 20 Minuten kochen lassen.

7 Zucker untermischen, alles mit dem elektrischen Mixstab oder Mixer pürieren und abschmecken.

8 Grießpudding aus dem Wasserbad nehmen, stürzen, mit Hagebuttensauce servieren.

584 kcal *2441 kJ*

Schweizer Sahne-Reis mit Sanddornsauce und Mandelblättchen

1/2 Liter Milch, 1 Prise Salz,

100 g Milchreis,

Mark einer Vanilleschote,

1 Eßlöffel Zucker,

1/10 Liter Sahne,

200 g Sanddornbeeren,

2 Birnen,

1 ungespritzte Zitrone,

1/4 Liter Weißwein, 1/2 Stange Zimt,

2 Eßlöffel Honig

1 Milch mit einer Prise Salz zum Kochen bringen, Reis, Vanillemark und Zucker dazugeben und ca. 20 Minuten auf der Wärmeplatte ziehen lassen.

2 Sahne steifschlagen und unter den ausgekühlten Reis heben.

3 Sanddornbeeren waschen und verlesen.

4 Birnen schälen, vierteln, Kerngehäuse herausschneiden, und die Viertel feinwürfeln.

5 Zitrone waschen, Schale abreiben, Saft auspressen. Birnenwürfel, Sanddornbeeren, Zitronenschale und -saft mit Weißwein und 1/4 Liter Wasser aufsetzen, ca. 10 Minuten kochen. Zimtstange entfernen.

6 Masse etwas abkühlen lassen, dann mit Honig im Mixer pürieren.

7 Sauce über Sahne-Reis gießen und mit Mandelblättchen bestreuen.

271 kcal *1132 kJ*

Fliederbeersuppe mit Schneeflocken

500 g Holunderbeeren,

60 g brauner Zucker,

1/2 Liter Apfelsaft,

Mark einer Vanilleschote,

1/2 Teelöffel Zimtpulver,

2 Bananen,

1 ungespritzte Zitrone,

1 Eiweiß, 10 g Puderzucker

1 Holunderbeeren verlesen, waschen und mit Zucker, Apfelsaft, 1/2 Liter Wasser, Vanillemark und Zimt aufkochen. Durch ein Sieb streichen.

2 Bananen abziehen, in Stücke schneiden.

3 Holundersuppe und Bananenstücke im Mixer oder mit dem elektrischen Mixstab pürieren.

4 Zitrone waschen. Schale abreiben, Saft auspressen und zur Suppe geben.

5 Eiweiß mit Puderzucker sehr steif schlagen.

6 In einem weiten Topf Wasser zum Kochen bringen, von der Kochstelle nehmen, mit einem Teelöffel Flocken vom Eischnee abstechen und auf das Wasser setzen. Topf mit Deckel abdecken und kurz ziehen lassen. Aus dem Wasser heben und Flocken auf Fliederbeersuppe servieren.

248 kcal *1036 kJ*

Ein Stück Pergamentpapier auf die Reibe legen, Zitrone kräftig abreiben.

Pergamentpapier von der Reibe heben.

Geraspelte Schale bequem mit einem Löffel abnehmen. Die Reibe bleibt sauber. Auf die gleiche Weise lassen sich Orangen und Meerrettich reiben.

Apfel-Pfirsich-Kuchen mit Schmand

500 g Mehl, 40 g Hefe,
1/4 Liter lauwarme Milch,
125 g Butter oder Margarine,
100 g brauner Zucker,
1 Prise Salz, 1 Ei,
1 Teelöffel abgeriebene Schale einer unbehandelten Zitrone,
Mark einer Vanilleschote (ersatzweise 1 Päckchen Vanillinzucker),
100 g Korinthen,
1 kg Pfirsiche, 1 kg Äpfel,
400 g Crème fraîche, 2 Eßlöffel Honig

1 Mehl in eine große Schüssel sieben. In die Mitte eine Vertiefung drücken.

2 Hefe hineinbröckeln und warme Milch dazugießen. An einem warmen Ort zugedeckt ca. 10 Minuten gehen lassen.

3 Butterflöckchen, Zucker, Salz und Ei zufügen, von außen nach innen Mehl und Zutaten zu einem glatten Teig verkneten, etwa 10 Minuten kräftig abschlagen, bis er zart und geschmeidig ist.

4 Teig etwa 30 Minuten zugedeckt gehen lassen, bis er sich um das Doppelte vergrößert hat.

5 Korinthen und Pfirsiche waschen. Pfirsiche halbieren und den Stein entfernen.

6 Äpfel schälen, vierteln, das Kerngehäuse entfernen. Pfirsiche und Äpfel in gleichmäßige Scheiben schneiden.

7 Hefeteig ausrollen, auf ein gefettetes Backblech legen, die Ränder hochdrücken.

8 Früchtescheiben schuppenartig darauflegen, mit Korinthen überstreuen.

9 Crème fraîche mit Honig verrühren und über den Kuchen streichen. Im vorgeheizten Backofen bei 175 Grad ca. 50 Minuten backen.

5786 kcal *24185 kJ*

Birnen-Walnuß-Kuchen

300 g Mehl,
1/4 Teelöffel Backpulver,
1 Prise Salz, 100 g feiner Zucker,
1 Teelöffel abgeriebene Schale einer unbehandelten Zitrone,
Mark einer Vanilleschote,
125 g kalte Butter oder Margarine in Flöckchen,
1 Ei, 1 Eßlöffel Rum,
1 kg Birnen,
200 g gehackte Walnüsse

1 Mehl mit Backpulver vermischt auf eine Arbeitsfläche sieben, mit Salz, Zucker, abgeriebener Zitronenschale, Vanillemark, Butterflöckchen, Ei und Rum einen glatten Teig kneten, kaltstellen.

2 Birnen schälen, vierteln, das Kerngehäuse entfernen und die Viertel in kleine Stücke schneiden.

3 Teigmenge halbieren, zwei Platten in der Größe der Backform ausrollen.

4 Eine Platte als Boden in die gefettete Form legen, die Ränder etwas hochziehen.

5 Birnen und Walnüsse auf dem Boden verteilen, mit der zweiten Platte abdecken, an

den Rändern die beiden Teigplatten festdrücken. Wenn noch Teig übrig ist, eine Rosette oder Blättchen formen und als Verzierung obenaufsetzen.

6 Im vorgeheizten Backofen bei 180 Grad ca. 50 Minuten backen.

4484 kcal *18743 kJ*

Apfelkuchen nach Großmutters Art

250 g Butter oder Margarine,
150 g brauner Zucker,
Mark einer Vanilleschote,
1/2 Teelöffel Zimt,
4 Eier,
375 g Mehl,
1 Päckchen Backpulver,
1 ungespritzte Zitrone,
50 g Mandeln,
50 g Haselnüsse,
2 cl Rum,
1 kg säuerliche Äpfel

1 Butter und Zucker schaumig rühren. Vanillemark und Zimt zufügen.

2 Eier trennen, Eigelb, Mehl und Backpulver nach und nach unter die Masse mischen.

3 Zitrone waschen, abreiben und den Saft auspressen. Eiweiß steifschlagen.

4 Schale und Saft mit Mandeln, Nüssen, Rum und Eiweiß unter den Teig heben.

5 Äpfel schälen, halbieren oder vierteln. Das Kerngehäuse entfernen.

6 Apfelstücke längs in Fächer schneiden.

7 Teig in eine gefettete, feuerfeste Form füllen, Apfelstücke hineindrücken. Im vorgeheizten Backofen bei 180 Grad ca. 50 Minuten backen.

5422 kcal *22663 kJ*

Birnen-Quittentorte

250 g Birnen,
250 g Quitten,
1/4 Liter Weißwein,
1 Stange Zimt,
4 Eßlöffel Honig,
150 g Butter,
100 g brauner Zucker,
3 Eier,
1/8 Liter Dickmilch,
1 Teelöffel Backpulver,
300 g Mehl,
100 g grob geraspelte Schokolade,
4 Eßlöffel Haferflocken,
Muskat,
Zimtpulver,
2 Eßlöffel Rum,
1 Eßlöffel Puderzucker

1 Birnen und Quitten schälen, vierteln, die Kerngehäuse entfernen, mit Weißwein, Zimt und soviel Wasser aufsetzen, daß sie gerade bedeckt sind. Ca. 10 Minuten kochen, Früchte im Sud etwas abkühlen lassen, Honig zugeben und kaltstellen.

2 Butter und Zucker schaumig rühren, Eier, Milch und mit Backpulver vermischtes Mehl, Schokolade, Haferflocken, Muskat und Zimt nach und nach dazugeben.

3 Zwei Drittel des Teiges in eine gefettete Backform füllen, Birnen und Quitten abtropfen lassen, und den Teig damit belegen.

4 Mit restlicher Teigmasse bedecken und im vorgeheizten Backofen bei 180 Grad ca. 55 Minuten backen.

5 Rum und Puderzucker verrühren, und den Kuchen damit bestreichen.

4387 kcal *18337 kJ*

Tip

Die hier vorgestellten Kuchen lassen sich auch gut einfrieren. Packen Sie Portionsstücke in Alufolie oder Backpapier ein und backen Sie die Stücke vor dem Verzehr kurz in der Verpackung auf.

Weintraubenkuchen

100 g Weizenvollkornmehl,
300 g Weizenmehl Type 405,
200 g Butter oder Margarine,
220 g Puderzucker,
2 Eier, 1 Prise Salz,
1/2 Zitrone,
3 Eßlöffel saure Sahne,
1 Kilo Weinbeeren,
2-3 Eßlöffel Rum,
100 g gemahlene Nüsse,
50 g Sesam-Samen,
100 g Kokosraspel

1 Mehl mit Butter zwischen den Fingern zu Streuseln verreiben, 120 g Puderzucker, die Eier, eine Prise Salz, abgeriebene Schale der Zitrone und saure Sahne dazugeben und alles zu einem glatten und geschmeidigen Teig verkneten.

2 Aus dem Teig zwei gleichgroße Kugeln formen, in Folie verpacken und 30 Minuten kalt stellen.

3 Trauben waschen, abtropfen lassen, mit 50 g Puderzucker und Rum vermischen. Die Nüsse mit Sesam, Kokosraspel und dem restlichen Zucker vermischen.

4 Den einen Teil des Teiges ausrollen und eine gefettete Springform damit auslegen.

5 Die Hälfte des Nußgemisches und die Weinbeeren daraufgeben.

6 Die zweite Teighälfte ebenfalls ausrollen. Über die Füllung decken, mehrmals einstechen und alles bei 175 Grad ca. 50 Minuten backen. Der Kuchen kann auch auf dem Backblech hergestellt werden und in Stücke geschnitten aufgetragen werden.

6634 kcal *27770 kJ*

Quittenkuchen

80 g Butter oder Margarine,
200 g Mehl,
180 g Zucker, 2 Eier,
1 Päckchen Backpulver,
1/10 Liter Milch,
800 g Quitten,
Schale einer 1/2 ungespritzten Zitrone,
3-4 Nelken, 1 Stück Stangenzimt,
50 g gehackte Mandeln oder Nüsse,
Puderzucker

1 Butter oder Margarine mit 100 g Zucker schaumig rühren, einzeln die Eier unterschlagen. Mehl mit Backpulver vermischt unterheben. Dann die Milch dazugeben, so daß ein dicker Teig entsteht.

2 Quitten waschen, schälen, Kerngehäuse entfernen und die Früchte in Streifen schneiden.

3 10 Eßlöffel Wasser mit Quitten, Zitronenschale, Nelken, Zimt und restlichem Zucker aufkochen lassen. Die Quitten nicht zu weich kochen.

4 Die Hälfte des Teiges in eine Kastenform geben. Quittenspalten darauf verteilen und mit dem restlichen Teig abdecken.

5 Mit den gehackten Mandeln oder Nüssen berstreuen. Im Backofen bei 175 Grad etwa 30-40 Minuten backen. In finderdicke Scheiben schneiden und mit Puderzucker bestäubt anrichten.

3075 kcal *12872 kJ*

Pflaumen-Sesam-Strudel

200 g Weizenmehl Type 405,
50 g Weizenvollkornmehl,
1 Ei, 1 Eßlöffel Sonnenblumenöl

Füllung:

1 Kilo Pflaumen,
75 g Sesam-Körner,
30 g Kokosraspel,
75 g Rumrosinen,
50 g gehackte Mandeln,
4 Eßlöffel Honig,
50 g Fruchtzucker

Zum Bestreichen:

1 Eigelb,
2 Eßlöffel zerlassene Margarine

1 Mehl, Ei, Öl und 1/8 Liter heißes Wasser zu einem glatten Teig verarbeiten. Mit den Händen kneten und so lange auf ein Brett schlagen, bis er glatt und glänzend geworden ist.

2 In Frischhaltefolie verpackt 2 Stunden ruhen lassen.

3 Pflaumen halbieren, den Stein entfernen und die Früchte in eine Schüssel geben.

4 Sesamkörner, Kokosraspel, Rosinen, Mandeln, Honig und Fruchtzucker vermischen.

5 Teig dünn ausrollen und über dem Handrücken hauchdünn ausziehen.

6 Auf ein Küchentuch legen, die Sesam-Honigmischung daraufgeben, Pflaumen darauf verteilen, und den Teig zu einem Strudel aufrollen.

7 Auf ein mit Backpapier belegtes Blech geben, mit Margarine und Eigelb bestreichen und im Backofen bei 175 Grad 50 Minuten backen.

3849 kcal *16112 kJ*

Ofenfrisches Herbstgebäck

Gedeckter Apfelkuchen

Teig:
200 g Weizenvollkornmehl,
200 g Weizenmehl Type 405,
1 gestrichener Teelöffel Backpulver,
150 g Zucker,
Mark 1 Vanilleschote,
2 Eier,
180 g Butter oder Margarine
Füllung:
1 1/2 kg Äpfel (Grafensteiner),
100 g Zucker,
100 g Rosinen,
2 Eßlöffel Rum, 100 g gehackte Mandeln

1 Mehl und Backpulver auf eine Arbeitsplatte sieben. In die Mitte eine Vertiefung schieben, Zucker, Vanillemark und Eier hineingeben und mit einem Teil des Mehles zu einem dicken Brei verarbeiten.

2 In Stücke geschnittene Butter oder Margarine daraufgeben und von der Mitte aus alle Zutaten schnell zu einem glatten Teig verarbeiten. Falls der Teig klebt, noch etwas Mehl unterkneten.

3 Teig ca. 1/2 Stunde kalt stellen.

4 2/3 des Teiges ausrollen und den Boden und Rand einer gefetteten Springform (26 cm) damit auslegen.

5 Teig mit der Gabel mehrmals einstechen.

Den restlichen Teig etwas größer als die Springform ausrollen und auf ein Nudelholz aufrollen.

Über der Apfelmasse wieder abrollen, den Teig formgerecht schneiden und gut andrücken.

6 Äpfel schälen, vierteln, vom Kerngehäuse befreien, und die Viertel n Stücke schneiden.

7 Mit 2 Eßlöffeln Zucker und eingeweichten, abgetropften Rosinen bei schwacher Hitze unter Rühren kurz dünsten.

8 Die Masse etwas abkühlen lassen und mit restlichem Zucker, Rum, gehackten Mandeln und Zimt verrühren.

9 Apfelmasse auf dem Teig verteilen. Teigdecke auflegen und den Kuchen im vorgeheizten Backofen bei 200 Grad ca. 30-45 Minuten backen.

5605 kcal *23463 kJ*

Mit Wildfrüchten gefüllte Hefe-Buchteln

Teig:

250 g Roggenmehl,
250 g Weizenmehl 405
40 g frische Hefe
(oder 1 1/2 Pakete Trockenhefe),
1/4 Liter Milch,
80 g Zucker,
80 g Butter oder Margarine,
1 Prise Salz,
Mark einer Vanilleschote,
abgeriebene Schale einer 1/2 Zitrone,
1 Ei, 50 g Leinensamen,
50 g gehackte Nüsse

Füllung:

Je nach Wunsch, Brombeeren, Preiselbeeren, Heidelbeeren, Sanddornmus, Hagebuttenmus oder auch Pflaumen, Pfirsiche

1 Die beiden Mehlsorten in eine Schüssel geben. In die Mitte eine Vertiefung drücken. Die Hefe hineinbröckeln mit etwas lauwarmer Milch und 1 Teelöffel Zucker verrühren und zugedeckt an einem warmen Ort ca. 15 Minuten gehen lassen.

2 Die restlichen Zutaten unterrühren und den Teig nochmals 30 Minuten gehen lassen.

3 Aus dem Teig eine armdicke Rolle formen, Scheiben abschneiden, diese flachdrücken, wahlweise mit Obst füllen, zu Kugeln formen und diese in eine feuerfeste Form setzen. Bei 175 Grad 45 Minuten backen. Kalt oder warm servieren.

3680 kcal *15404 kJ*

Gesammelt in der Natur

Nach der Zeit der Reife verbindet man mit dem Herbst die Zeit der Ernte. Viele der Beeren wie Ebereschen und Hagebutten, Brombeeren, die teils auch schon im Sommer zu pflücken waren, haben nun ihre Hochsaison. Wildpilze aller Art schießen aus dem Boden an warmen, feuchten Tagen. Haselnüsse, Walnüsse und Eßkastanien reifen, und es ist Zeit, Vorrat für den Winter zu sammeln. Nur die Schlehen können noch warten auf den ersten Frost, der ihren Geschmack mildert.

Berberitze

Der dornige Strauch wächst in Hecken an sonnigen Hängen und lichten Wäldern. Geerntet werden die ovalen roten Früchte im September und Oktober. Sie haben einen herb-sauren Geschmack, sind roh unverträglich und werden gekocht als Saft oder Kompott in Verbindung mit anderen Früchten verwendet. Der Wert für die Gesundheit: Berberitzensaft ist leber- und gallenfreundlich und regt den Appetit an.

Hagebutte

Hagebutten sind die Fruchtstände der Heckenrose, die an Böschungen in Hecken zu finden ist. Man kann sie ernten von September bis November, verwendet wird die äußere rote Schale, die besonders reich ist an Vitamin C und Mineralstoffen. Man kann sie als würziges Mus zu Backwaren, aber auch zu Fleisch reichen oder zu Marmelade verarbeiten.

Holunder

An Wald- und Wegrändern finden wir den Holunderbusch.
Im August bis September/Oktober werden die Beeren zu Gewürzkompott, süßen Suppen und Wein verarbeitet. Holunder ist ein hervorragendes Mittel gegen Erkältungskrankheiten und wirkt blutreinigend. Die Beeren sind roh unverträglich, sie sollten immer nur gekocht verwendet werden.

Sanddorn

Die dornigen Sträucher sind in den Dünen, Gärten und Parks zuhause. Ihre Beeren werden im September/Oktober geerntet, sie sind reich an Vitaminen und Mineralien, können roh oder gekocht gegessen werden. Man verarbeitet sie zu Marmelade, zu Kompott zusammen mit anderen Früchten, zu Saft oder zu Sauce.

Marktbummel im Winter

Feigen
Weiß-kohl
Schell-fisch
Kokos-nüsse
Schwarze Bohnen

Der Marktbummel im Winter

Winter

21. Dezember – 19. März

Marktbummel im Winter heißt: Einstimmung auf die Zeit der Feste am Kamin, in der warmen Stube, im Familien- wie im Freundeskreis. Das Angebot an einheimischem Frischgemüse ist fast ganz zurückgegangen und beschränkt sich auf die lagerfähigen Sorten wie Kartoffeln, Zwiebeln, Karotten, Weiß- und Rotkohl, rote Rüben, Knollensellerie, Schwarzwurzeln, Grün- und Rosenkohl.

Große Braten sind jetzt vielfach im Sonderangebot für Familienfeste und

Datteln

Datteln werden als Saisonartikel vorwiegend zu Weihnachten angeboten, und zwar hauptsächlich getrocknet. Durch ihren hohen Zuckeranteil eignen sie sich nicht nur zum Sofortverzehr, sondern auch hervorragend zum Herstellen von süßem Gebäck und Broten und lassen sich nahezu unbegrenzt lagern.

Feigen

Auf den Märkten werden Feigen als frische Südfrüchte und getrocknet als begrenzte Zeit lagerfähig gehandelt. Da die frischen Früchte oft noch nicht ganz ausgereift angeboten werden und so ihr Aroma nicht entfalten und der Geschmack enttäuschend ist, sollte man zum Backen und Kochen die getrockneten verwenden. Ihre Qualität ist daran zu erkennen, daß sie nicht von außen verzuckert oder von einer dichten weißen Schicht (Milbenbefall) überzogen ist.

Feldsalat

Noch reines Winter- und schon allererstes Frühlingsgemüse ist der Feldsalat. Er ist nicht lagerungsfähig, so liegt sein Wert darin, daß er nur ganz frisch und roh als Salat verzehrt wird, und alle in ihm vorkommenden Vitamine erhalten bleiben.

Goldbarsch/ Rotbarsch

Dieser Seefisch kann bis zu einem Meter lang und 15 kg schwer werden. Er ist ein geschätzter Speisefisch mit festem Fleisch, wird tiefgekühlt oder als Frischfisch angeboten und auch zu Räucherfisch verarbeitet.

Grapefruit

Die Grapefruit, fälschlicherweise auch Pampelmuse genannt, gehört zu den Zitrusfrüchten, die das ganze Jahr Saison haben. Sie ist schon lange als Exotin auf unserem Markt zu finden. Ihr Preis steht denen des heimischen Fruchtangebotes oft nicht nach.

Kabeljau

Im Jugendstadium auch Dorsch genannt, ist er neben dem Hering einer der wichtigsten Nutzfische der europäischen Hochseefischerei. Mit Seelachs, Schellfisch und Köhler gehört er in die Familie der Dorschfische und ist u.a. an seiner weißen Seitenlinie zu erkennen. Er kommt frisch wie tiefgefroren in Form von Filets auf den Markt, wird zu Fischstäbchen verarbeitet oder liefert den berühmten Stockfisch.

Karotten

Frühsorten der Karotten, die ganzjährig angeboten werden, kommen oft mit Laub als Bundmöhren in den Handel und sind kaum lagerungsfähig. Der hohe Gesundheitswert dieses Gemüses durch den Karotingehalt als Vorstufe des Vitamines A wie auch als Träger etlicher anderer Vitamine, ist allgemein bekannt. Karottenkuren haben blutreinigende Wirkungen und sind ein hervorragendes Mittel gegen Erkältungen und Entzündungen aller Art.

Lachs

Wegen Wasserverschmutzung ist der Lachs in den europäischen Gewässern sehr selten geworden, mit Ausnahme der Ostsee und der Küstengewässer Norwegens. Als Hauptlieferant gilt heute Kananda. Aber nicht nur seiner Seltenheit wegen gilt der Lachs als der König der Fische, er zeichnet sich aus durch seinen unvergleichlichen zarten Geschmack, der ihn zum Festessen macht.

Mandarinen und Klementinen

Diese Zitrusfrüchte kommen aus den Mittelmeerländern. Sie sind in Geschmack und Aussehen der Orange ähnlich, haben aber eine nur lose anhaftende und bei zunehmender Reife sich lockernde Schale.
Einige Züchtungen besitzen kaum Kerne. In der Küche werden sie in Obstsalaten, in Cocktails oder zu Torten verwendet.

Nüsse

Zum Winter werden Haselnüsse und Walnüsse in der Schale angeboten. Sie sind der obligatorische Bestandteil eines jeden bunten Tellers auf dem Weihnachtstisch. Die Nußkerne stehen uns aus Mittelmeerländern das ganze Jahr über zur Verfügung und werden zu Salaten und Gemüsen ebenso verwendet wie für Kuchen und Gebäck. Wegen ihres hohen Fettgehaltes besteht die Gefahr des Ranzigwerdens, darum sollten sie nie zu lange aufbewahrt werden.

Puter

Im Herbst und zu Weihnachten hat der Puter Saison. Junge Puter erkennt man an dem noch biegsamen Brustknorpel. Die einzelnen Fleischteile sind unterschiedlich in ihrer Fleischbeschaffenheit und Saftigkeit. Man sagt, der Puter habe siebenerlei Fleisch. Bei großen Tieren ist es darum angebracht, sie zu zerlegen, und die Teile nach ihrer Beschaffenheit zu braten, zu schmoren oder zu kochen.

Rosenkohl

Dieses zarte Gemüse wird zwar auch schon im August angeboten, hat aber seine besondere Bedeutung im Winterhalbjahr bis zum April. Es hat einen hohen Vitamin C-Gehalt. Zwar sind die gepflückten Röschen nicht lange lagerungsfähig, doch überwintert der Rosenkohl im Freien oder in den Kühlhäusern an den Strünken.

Gemüse	Obst Früchte	Fisch	Schlachtfleisch Geflügel Wild
alle lagerfähigen	Äpfel	Forelle	außer dem üblichen
Gemüsesorten wie z.B	Ananas	Goldbarsch	Schlachtfleisch:
Karotten	Birnen	Kabeljau	Hammel
Kartoffeln	Datteln	Lachs	Hähnchen
Sellerie	Feigen	Lachsforelle	Poularde
Zwiebeln	Grapefruit	Rotbarsch	Puter
sowie	Haselnüsse	Rotzunge	Stubenküken
Feldsalat	Klementinen	Schellfisch	Suppenhuhn
Grünkohl	Mandarinen	Seelachs	Hase
Rosenkohl	Orangen	Seezunge	Kaninchen
	Walnüsse		

Rotkohl

Dieser Kopfkohl gehört genau wie der Weißkohl zum Dauergemüse, das zwar im Herbst geerntet wird, aber dank seiner Lagerungsfähigkeit das ganze Jahr über zur Verfügung steht. Im Winter, wenn die grünen frischen Salate sehr teuer angeboten werden, ist er eine willkommene Abwechslung in der Salatzubereitung und ist darüberhinaus schon seit jeher traditionelle Gemüsebeilage zu Wildgerichten.

Schellfisch

Vorwiegend als Frischfisch kommt der Schellfisch auf unseren Markt. Er gehört zu der fettarmen Seefischen. Sein Rücken ist graubraun, der Bauch weiß und – im Gegensatz zum Kabeljau – ist der Schellfisch an der tiefschwarzen Seitenlinie zu erkennen. Er wird in den nördlichen europäischen Küstengewässern gefangen und oft auch unter dem Namen „Angelschellfisch" angeboten.

Staudensellerie

Die bekannte Sellerieknolle hat eine angenehme Verwandte in Form des Staudenselleries. Züchtungen machten es möglich, den herbbitteren Geschmack der kräftig grünen Stengel zu mildern. Dabei hat der Sellerie seine Bedeutung als Vitaminträger der Vitamine A, B, C und E und wertvoller Mineralstoffe behalten und wirkt entwässernd und kreislauffördernd.

Weißkohl

Als Spitzkohl kommt der junge Weißkohl im Sommer auf den Markt. Der feste, geschlossene Kopf als Dauerweißkohl später ermöglicht ein ganzjähriges Angebot. Er ist einer unserer wichtigsten Kohlsorten, wird für Gemüsetöpfe und Salat, gekocht und roh verwendet und wird durch Milchsäuregärung zu Sauerkraut.

Feiern. Traditionell gehört auch die Weihnachtsgans dazu, die in vielen Fällen schon vom fettärmeren Puter ersetzt wird, und bei den Fischen hat der Karpfen seinen Silvesterstammplatz.

Der Obst- und Früchtemarkt wird in diesen Monaten, wenn es um außerhalb unserer Saison wachsende Früchte geht — wie Erdbeeren aus Kalifornien — nur noch von teuren Exoten bestimmt. Wenden wir uns deshalb den gewohnten Sorten zu, nämlich Äpfel und Orangen, Ananas, Kokosnüsse und Grapefruits — und auf eine breite Palette der Nüsse, Rosinen und Körner können wir zurückgreifen und unseren Speiseplan bereichern.

Das Wintermenü

Karotten-Ingwer-Cremesuppe

400 g Karotten,
50 g frischer Ingwer,
1 Liter Kalbsbrühe,
1/8 Liter Sahne,
50 g Mandeln,
20 g kalte Butter,
Salz, Pfeffer

1 Karotten und Ingwer schälen und in Scheiben schneiden. Einige Karottenstücke in kleine Stifte schneiden und kurz in kochendem Wasser blanchieren. Als Einlage zurückbehalten.

2 Karotten und Ingwer in der Brühe ca. 20 Minuten garen, dann mit dem Mixstab oder im Mixer pürieren. Sahne einrühren.

3 Mandeln in einer trockenen Pfanne kurz anrösten und in die Cremesuppe geben, die Butter in kleinen Flocken unterschlagen.

4 Suppe mit Salz und Pfeffer zart abschmecken, und vor dem Servieren die Möhrenstifte dazugeben.

299 kcal *1251 kJ*

Sellerie-Salat mit Streifen vom Huhn

200 g Hühnerbrustfleisch,
1 Eiweiß,
2 Eßlöffel japanische Soja-Sauce,
1/10 Liter Weißwein,
1/2 Sellerieknolle,
Saft einer Zitrone und einer Orange,
3 Eßlöffel Walnußöl,
2 Eßlöffel gehackte Walnußkerne
(einige halbe zum Garnieren),
Salz,
Pfeffer aus der Mühle,
Zucker,
10 g Butter oder Margarine,
2 Eßlöffel gehackte Kräuter:
Petersilie, Schnittlauch oder Kresse

1 Hühnerfleisch in dünne Streifen schneiden.

2 Eiweiß, Soja-Sauce, Stärke und Weißwein verschlagen, und die Streifen darin marinieren.

3 Sellerieknolle waschen, schälen, raspeln und sofort mit Zitronen-, Orangensaft und Walnußöl mischen.

4 Apfel schälen, vierteln, Kerngehäuse entfernen. Viertel in kleine Stücke schneiden und mit Sellerieraspeln und gehackten Walnußkernen mischen.

5 Mit etwas Salz, Pfeffer aus der Mühle und Zucker pikant abschmecken.

6 Butter oder Margarine erhitzen. Hühnerfleischstreifen aus der Marinade nehmen und kurz anbraten. Salat auf Tellern anrichten, Hühnerfleisch darüber verteilen und mit Schnittlauch und Petersilie bestreut servieren.

196 kcal *818 kJ*

Lachs auf Röstis mit Sherry-Schaum-Sauce und Austernpilzen

Röstis:
200 g Kartoffeln, 1 Zwiebel,
Salz, Pfeffer, Muskat,
4 Eßlöffel Sojaöl

Sherry-Schaum-Sauce:
2 Eigelb, 1/10 Liter trockener Sherry,
1 Becher Crème fraîche,
2 Teelöffel Zitrone,
Salz, Pfeffer,
Worcestersauce,
1 Eßlöffel gehackte Kräuter:
Petersilie, Kresse, Estragon oder
Kräuter der Provence (tiefgefroren)

Beilage:
250 g Austernpilze,
20 g Butter oder Margarine,
2 Eßlöffel japanische Soja-Sauce,
Cayennepfeffer, etwas Knoblauch

Fisch:
4 Scheiben Lachs, je 180 g,
etwas Zitronensaft,
Salz, Mehl zum Bestäuben,
20 g Butter oder Margarine,
1/10 Liter Weißwein

1 Kartoffeln waschen, schälen, grob raspeln und auf ein Sieb geben. Das sich sammelnde Kartoffelwasser vorsichtig abgießen und die zurückgebliebene Stärke wieder unter die Kartoffelmasse mischen.

2 Zwiebel abziehen und in die Kartoffelmasse reiben, mit Salz, Pfeffer und Muskat würzen.

3 Im erhitzten Öl vier Röstis von beiden Seiten goldgelb backen. (Röstis erst wenden, wenn der Rand kross zu werden beginnt.) Bis zum Servieren warmstellen.

4 Eigelb und Sherry im Wasserbad cremig rühren, dann unter Rühren wieder erkalten lassen.

5 Crème fraîche steifschlagen (wie Sahne) und unter die Schaumsauce ziehen. Mit Zitrone und Gewürzen pikant abschmecken. Sauce gut abgedeckt warmstellen.

6 Austernpilze putzen, waschen, gut abtropfen lassen und in erhitzter Butter oder Margarine kurz und kräftig anbraten, mit Soja-Sauce, Cayennepfeffer und etwas Knoblauch würzen. Ebenfalls warmstellen.

7 Lachsscheiben säubern, mit Zitronensaft säuern, salzen, mit Mehl leicht bestäuben und in erhitzter Butter oder Margarine bei mäßiger Temperatur von beiden Seiten anbraten. Weißwein dazugießen, bei geschlossenem Deckel ca. 10 Minuten ziehen lassen. Lachsscheiben herausnehmen. Sud durchseihen und in die Sherryschaumsauce rühren.

8 Lachsscheiben mit Röstis und Austernpilzen in einer Servierschüssel anrichten. Etwas Sherryschaumsauce über den Lachs geben, den Rest in einer Sauciere dazureichen.

698 kcal *2918 kJ*

Bratapfel Nikolaus

20 g Maronenpüree,
20 g gemahlene Haselnüsse,
10 g Sesamsamen, 1 Eßlöffel Honig,
1 Eßlöffel Zitronensaft,
2 cl Kirschwasser,
4 Äpfel

Sauce:

1/4 Liter Milch, 1/8 Liter Sahne,
1/2 Paket Vanille-Puddingpulver,
1/2 Eßlöffel Fruchtzucker,
2 cl Rum,
1 Eßlöffel Mandelblättchen

1 Aus Maronenpürree, Haselnüssen, Sesamsamen, Honig, Zitronensaft und Kirschwasser eine dicke Masse herstellen.

2 Äpfel waschen, das Kerngehäuse ausstechen und das Innere mit Masse füllen.

3 In eine gefettete Form setzen und im vorgeheizten Backofen bei 180 Grad ca. 30 Minuten backen

4 Nach Anweisung auf der Packung aus Milch, Sahne, Puddingpulver und Fruchtzucker eine Vanillesauce herstellen, mit Rum aromatisieren.

5 Äpfel auf Vanillesauce und mit Mandelblättchen bestreut servieren.

321 kcal *1340 kJ*

Knusperplätzchen zum Mokka

150 g Butter oder Margarine,
150 g Honig,
3 Eier,
2 cl Arrak,
1 ungespritzte Zitrone,
50 g gemahlene Haselnüsse,
50 g Mandelblättchen,
50 g Sesamsamen,
200 g Früchte klein gewürfelt:
Äpfel, Apfelsinen oder Bananen,
100 g Rosinen,
150 g Weizenmehl,
100 g kernige Haferflocken,
100 g Hirse

1 Butter, Honig, Eier und Arrak verrühren.

2 Abgeriebene Schale und Saft der Zitrone untermischen.

3 Haselnüsse, Mandelblättchen und Sesamsamen zufügen.

4 Früchte, Rosinen, Weizenmehl, Haferflocken und Hirse untermischen.

5 Plätzchen aus der Masse formen und auf ein gefettetes Backblech setzen.

6 Im vorgeheizten Backofen bei 200 Grad ca. 20 Minuten backen.

1089 kcal *4552 kJ*

Warmer Grünkern-Kartoffelsalat

100 g Grünkern,
1 Liter Brühe,
1 Lorbeerblatt,
300 g gegarte Kartoffeln (vom Vortag),
1 Zwiebel,
1/4 Sellerie,
4 Eßlöffel Essig,
4 Eßlöffel japanische Soja-Sauce,
100 g Frühstücksspeck,
1 Knoblauchzehe,
8 Eßlöffel Olivenöl

1 Grünkern in Brühe mit Lorbeerblatt ca. 30 Minuten garen.

2 Kartoffeln in Scheiben schneiden.

3 Zwiebel abziehen und feinwürfeln.

4 Sellerie schälen und raspeln.

5 Alles zum Grünkern in die Brühe geben und erhitzen.

6 Gemüse abseihen (Brühe für Eintopf weiterverwenden).

7 Aus Essig, Soja-Sauce und Öl eine Marinade herstellen und über das heiße Gemüse gießen.

8 Frühstücksspeck feinwürfeln, Knoblauchzehe abziehen und zerdrücken.

9 Speck und Knoblauch in einer Pfanne kurz anrösten und unter den Salat mischen, lauwarm servieren.

431 kcal *1803 kJ*

Linsen-Möhren-Salat

150 g Linsen,
150 g Möhren,
4 Zwiebeln,
1/2 Liter Brühe,
9 Scheiben Salami,
2 Eßlöffel Rotweinessig,
1 Eßlöffel scharfer Senf,
Pfeffer,
Kreuzkümmel,
Ingwer,
6 Eßlöffel Olivenöl,
2 Eßlöffel gehackte Kräuter:
Petersilie, Schnittlauch

1 Linsen und Möhren waschen. Möhren schälen und feinwürfeln.

2 Zwiebeln abziehen und in Streifen schneiden.

3 Brühe erhitzen und die Linsen darin ca. 20 Minuten garen.

4 Nach etwa 10 Minuten die Möhren, nach weiteren 5 Minuten die Zwiebeln dazugeben.

5 Gemüse auf einem Sieb abtropfen und auskühlen lassen. (Brühe für Eintöpfe weiterverwenden.)

6 Salamischeiben halbieren, mit den Gemüsen auf vier Salatschüsseln verteilen.

7 Aus Essig, Senf, den Gewürzen und dem Öl eine Marinade herstellen, über den Salat gießen.

8 Salat gut durchziehen lassen und mit Kräutern bestreut servieren.

367 kcal *1532 kJ*

Pikanter Rote-Bete-Salat

4 Rote Bete,
4 Zwiebeln,
2 Lorbeerblätter,
Saft von 2 Zitronen,
5 g frisch geriebener Meerrettich,
1 Teelöffel Kümmel,
1 Teelöffel Honig,
Salz,
Pfeffer

1 Die rote Bete kochen, schälen und abgekühlt in Scheibchen schneiden.

2 Zwiebeln abziehen, in Ringe schneiden.

3 Rote Bete mit Zwiebelringen, Lorbeerblatt, Zitronensaft, Meerrettich, Kümmelkörnern, Honig, Salz und Pfeffer in eine kleine Schüssel schichten, mit kochendem Wasser bedecken und etwa einen Tag lang durchziehen lassen.

110 kcal *460 kJ*

Großmutters Kartoffel-Heringssalat

500 g Kartoffeln,
3 eingelegte Heringe,
200 g gekochtes Rindfleisch,
3 Zwiebeln,
4 Gewürzgurken,
2 rote Bete (eingelegt),
2 Äpfel,
1 hartgekochtes Ei,
100 g gehackte Walnüsse,
1 Becher Joghurt,
1 Eigelb,
1 Teelöffel Senf,
1/10 Liter Öl,
Salz,
Pfeffer,
Zucker

1 Kartoffeln kochen, pellen und in kleine Stücke schneiden.

2 Heringe, Rindfleisch, Zwiebeln, Gurken, rote Bete, Äpfel und gekochtes Ei würfeln.

3 Alles in eine Schüssel geben, Nüsse zufügen und umrühren.

4 Joghurt, Eigelb, Senf und Öl kräftig miteinander verrühren, zum Salat geben, einige Stunden ziehen lassen und mit Salz, Pfeffer abschmecken.

864 kcal *3613 kJ*

Bunter Bohnensalat

400 g bunte Bohnen,
1/2 Liter Brühe,
1 Bund Bohnenkraut,
200 g Möhren,
1/2 Sellerieknolle oder 1 Staude,
1 Teelöffel Chilipulver,
4 Eßlöffel Knoblauchessig,
2 Eßlöffel japanische Soja-Sauce,
8 Eßlöffel Olivenöl

1 Bohnen über Nacht einweichen. In Brühe mit Bohnenkraut ca. 30 Minuten garen. (Ein paar Blättchen Bohnenkraut für den Salat zurückbehalten.)

2 Möhren schälen, in Scheiben schneiden und nach ca. 20 Minuten zu den Bohnen geben.

3 Sellerie schälen und raspeln. (Falls Staudensellerie verwendet wird: Staude putzen, waschen und in Stücke schneiden. Zusammen mit den Möhren 10 Minuten garen).

4 Aus Chilipulver, Knoblauchessig, Soja-Sauce, Bohnenkraut und Olivenöl eine Salatsauce herstellen.

5 Gemüse abgießen, Brühe für Eintopf weiterverwenden.

6 Sauce über das heiße Gemüse gießen, Sellerieraspel zugeben. Salat erkalten lassen und eventuell nochmal abschmecken.

316 kcal *1319 kJ*

Winterlicher Bohnensalat

2 Zwiebeln,
50 g Frühstücksspeck,
500 g grüne Bohnen (eingelegt),
1 Teelöffel getrocknetes Bohnenkraut,
1 Eßlöffel saure Sahne,
2 Eßlöffel Olivenöl,
1 Teelöffel Zitronensaft,
1 Eßlöffel gehackte Petersilie,
2 Eßlöffel japanische Soja-Sauce,
1 Prise Zucker,
100 g Champignons

1 Zwiebeln abziehen.

2 Eine Zwiebel und Frühstücksspeck fein würfeln und in einer Pfanne kurz glasig dünsten.

3 Bohnen auf ein Sieb geben, gut abtropfen und abkühlen lassen.

4 Sahne mit Öl, Zitronensaft, Petersilie, Soja-Sauce und Zucker verrühren, die zweite gewürfelte Zwiebel hineinrühren und sofort vermischen.

5 Champignons putzen, waschen, blättrig schneiden, mit den Bohnen in einer Salatschüssel anrichten, und die Marinade unterheben.

6 Den Salat vor dem Servieren gut durchziehen lassen.

314 kcal *1062 kJ*

Wachsbohnensalat grün-gelb mit Salbei

500 g grüne Bohnen, eingelegt,
500 g gelbe Bohnen, eingelegt,
2 Zwiebeln, 1/2 Apfel,
1/10 Liter Apfelessig,
Salz, Pfeffer, Zucker,
1/2 Teelöffel Bohnenkraut gerebelt,
1/4 Teelöffel Salbei gerebelt,
1/8 Liter kaltgeschlagenes Öl

1 Bohnen abgießen und gut abtropfen lassen.

2 Zwiebeln abziehen, eine Zwiebel feinwürfeln und zu den Bohnen geben.

3 Apfel schälen, zusammen mit der zweiten Zwiebel fein reiben und sofort mit dem Essig vermischen.

4 Salz, Pfeffer, Zucker, Bohnenkraut, Salbei und das Öl zufügen, Sauce zu den Bohnen gießen, und den Salat gut durch ziehen lassen.

490 kcal *2029 kJ*

Tip

Zwiebeln, die gerieben werden, können leicht sehr bitter schmecken. Zwar verliert sich der Geschmack beim Kochen, doch in Salaten bleibt er und kann den Genuß verderben. Man verhindert das Bitterwerden, indem man das Zwiebelmus möglichst nicht der Luft aussetzt, sondern sofort in eine Marinade, Sauce o.ä. hineinreibt und damit vermischt.

Warmer Rotkohlsalat

500 g Rotkohl,
2 Äpfel,
2 Zwiebeln,
125 g durchwachsener, geräucherter Speck,
6 Eßlöffel Essig,
2 Eßlöffel Honig,
Salz,
Pfeffer,
Kümmel

1 Rotkohl feinhobeln und kurz mit kochendem Wasser überbrühen, auf einem Sieb abtropfen lassen.

2 Äpfel schälen, vierteln, und das Kerngehäuse entfernen. Die Viertel in feine Scheiben schneiden.

3 Zwiebeln abziehen und kleinhacken.

4 Äpfel und Zwiebel unter den Kohl mischen.

5 Speck würfeln, auslassen, Speck, Essig und Honig zum Kohl geben.

6 Mit Salz, Pfeffer und Kümmel abschmekken. Salat warm servieren.

293 kcal *1225 kJ*

Rosenkohl-Muskat-Salat

400 g Rosenkohl,
1/2 Liter Brühe,
4 Schalotten,
100 g Rauchfleisch,
100 g gewürfelter Käse,
4 Eßlöffel Essig,
Muskat,
Salz, Pfeffer aus der Mühle,
Saft einer Orange,
1 Teelöffel abgeriebene Orangenschale,
1/8 Liter Distelöl

1 Rosenkohl putzen, waschen, die unteren Enden kreuzweise einschneiden und in der Brühe zum Kochen bringen, von der Kochstelle nehmen, 10 Minuten ziehen lassen. Rosenkohl abgießen und vierteln. (Brühe für Suppe verwenden.)

2 Schalotten abziehen, in Ringe, Rauchfleisch in feine Streifen schneiden.

3 Schalotten, Rauchfleisch und Käse mit dem Rosenkohl mischen.

4 Aus Essig, Muskat, etwas Salz, Pfeffer, Orangensaft und -schale und dem Distelöl eine Sauce rühren, mit dem Salat mischen und kräftig durchziehen lassen.

562 kcal *2348 kJ*

Feldsalat mit warmer Geflügelleber

500 g Feldsalat,
200 g Geflügelleber,
10 g Butter oder Margarine,
50 g Frühstücksspeck,
1 Zwiebel,
2 hartgekochte Eier,
2 Eßlöffel Essig,
2 Eßlöffel japanische Soja-Sauce,
4 Eßlöffel Öl, 1 Prise Zucker, Pfeffer

1 Salat verlesen, waschen und abtropfen lassen.

2 Geflügelleber heiß überbrühen und abtrocknen.

3 Butter oder Margarine schmelzen, Frühstücksspeck darin auslassen.

4 Zwiebel abziehen, kleinhacken und darin kurz andünsten.

5 Leber hineingeben, kurz braten und warmstellen.

6 Eier pellen. Ein Ei in Achtel, das andere Ei in Scheiben schneiden.

7 Eine Schüssel mit Salat auslegen, die Salatzutaten hineingeben, mit Ei dekorieren, zum Schluß die Leber darüber verteilen. Aus Essig, Soja-Sauce, Öl, Zucker und Pfeffer eine Marinade bereiten und über den Salat gießen. Servieren, solange die Leber noch warm ist.

340 kcal *1423 kJ*

Käse-Zwiebel-Salat

300 g Käse (Gouda oder Emmentaler),
4 Zwiebeln,
4 Mandarinen,
2 Scheiben frische Ananas,
1 Teelöffel Meerrettich,
4 Eßlöffel Senf,
4 Eßlöffel saure Sahne,
8 Eßlöffel Öl,
Pfeffer aus der Mühle

1 Käse nicht zu grob würfeln.

2 Zwiebeln abziehen und in Ringe schneiden.

3 Mandarinen schälen.

4 Ananas und Mandarinen in kleine Stücke schneiden.

5 Meerrettich, Senf, saure Sahne und Öl verrühren.

6 Salat mit der Sauce gründlich mischen, gut durchziehen lassen und mit Pfeffer aus der Mühle gewürzt servieren.

Dazu paßt ein knuspriges Stangen- oder ein deftiges Vollkornbrot.

563 kcal *2354 kJ*

Köstliche Kartoffelpizzas

6 große Kartoffeln,
1 Zwiebel,
1 Knoblauchzehe,
Salz, Pfeffer,
Muskat,
etwas Öl zum Backen,
2 hartgekochte Eier,
2 Scheiben Räucherlachs,
1 Becher Crème fraîche,
1 Teelöffel Kaviar,
etwas Cayennepulver,
100 g Krabben,
50 g Muscheln,
3 Sardellenfilets,
1 Zitrone,
1 Teelöffel Kapern,
1 Chilischote,
2 Tomaten,
1 Eßlöffel Mais,
6 Oliven,
9 Cocktailwürstchen

1 Kartoffeln waschen, schälen und grob raspeln, auf einem Sieb abtropfen lassen, die Flüssigkeit vorsichtig abgießen, und die Stärke wieder unter die Kartoffelmasse mischen.

2 Zwiebel abziehen und in die Masse reiben, sofort unterrühren.

3 Masse mit abgezogener, zerdrückter Knoblauchzehe, Salz, Pfeffer und Muskat abschmecken und im erhitzten Öl 12 kleine Röstis backen.

4 Eier pellen und in Scheiben, Räucherlachs in Streifen schneiden.

5 Etwas Crème fraîche in die Mitte eines jeden Röstis setzen.

6 Je drei mit Eischeiben und Lachsstreifen belegen, einen halben Teelöffel Crème fraîche obenaufsetzen, mit Kaviar garnieren und etwas Cayennepulver überstäuben.

7 Drei weitere mit Krabben und Muscheln belegen und mit geschälter und in Scheiben geschnittener Zitrone, Sardellenfilet und Kapern garnieren.

8 Chilischote und Tomaten waschen. Schote in Ringe, Tomate in Achtel schneiden. Die letzten drei Röstis damit belegen.

9 Mais, halbierte Oliven und eingeschnittene Cocktailwürstchen darauf verteilen und nach Wunsch auf einem Salatblatt verteilen.

350 kcal *1461 kJ*

Kartoffeln grob raspeln.

Kartoffelmasse würzen.

In heißem Öl knusprige, goldbraune Röstis backen. Röstis erst wenden, wenn die Ränder braun werden.

Maronen-Rotkohl-Torte

500 g Rotkohl,
1 säuerlicher Apfel,
1 Lorbeerblatt,
1 Nelke,
6 Pfefferkörner,
1/8 Liter Essig,
1/4 Liter Brühe,
Zucker, Salz,
200 g Maronen,
250 g Mehl,
20 g Hefe,
3 Eßlöffel Milch,
25 g Butter oder Margarine,
250 g geräucherter Schinken,
300 g Bratenreste vom Wild oder
Bratenaufschnitt (Metzger)

1 Rotkohl putzen, waschen, den Strunk entfernen und den Kohl fein hobeln.

2 Apfel schälen, reiben und unter den Rotkohl mischen. Gewürze zugeben.

3 Aus Essig, Brühe, Zucker und eventuell noch etwas Salz eine Marinade herstellen, den Rotkohl darin über Nacht ziehen lassen.

4 Rotkohl in der Marinade ca. 20 Minuten kochen. Marinade soll nahezu verkocht sein.

5 Maronen in wenig Wasser garen, abgießen, dann die Schale und die Haut abziehen.

6 Mehl in eine Schüssel sieben, Hefe, Milch und geschmolzene Butter oder Margarine zufügen und alles zu einem glatten Teig verarbeiten.

7 Teig ca. 30 Minuten an einem warmen Ort gehen lassen, dann ausrollen und eine gefettete Form damit auslegen.

8 Schinken und Braten feinwürfeln, auf den Teig geben.

9 Rotkohl und Kastanien darauf verteilen und im vorgeheizten Backofen bei 175 Grad ca. 45 Minuten backen.

3015 kcal *12603 kJ*

Marinierte Hähnchenbrust mit Sellerie-Möhren-Pürree

3 Eßlöffel japanische Soja-Sauce,
Cayenne und Paprikapulver,
1/2 Teelöffel Oregano,
2 Eßlöffel Zitronensaft,
2 Knoblauchzehen,
2 große Hähnchenbrüste,
20 g Butter oder Margarine,
15 g Stärke,
300 g Möhren,
300 g Sellerieknolle,
1/4 Liter Brühe,
Pfeffer, Salz,
2 Eßlöffel gehackte Mandeln,
4 Eßlöffel Crème fraîche

1 Aus Soja-Sauce, den Gewürzen, Zitronensaft und abgezogenen, zerdrückten Knoblauchzehen eine Marinade herstellen, gut durchziehen lassen und die Hähnchenbrüste damit bestreichen. (Auch frische Kräuter wie Salbei und Thymian eignen sich zur Marinade.)

2 Butter oder Margarine erhitzen, und die Brüste bei mäßiger Hitze ca. 15 Minuten braten.

3 Bratenfond mit 1 Tasse Wasser ablöschen, dem Rest von Marinade abschmecken und wenn nötig mit kalt angerührter Stärke binden.

4 Geschälte Möhren und Sellerie kleinschneiden und in der Brühe garen.

5 Mit dem Mixstab oder einem Stampfer pürieren, pfeffern, eventuell mit etwas Salz nachschmecken.

6 Mit gehackten Mandeln und Crème fraîche vermischen und zur Hähnchenbrust reichen. Dazu passen Vollkornnudeln oder Naturreis.

466 kcal *1949 kJ*

Poularde in Orangen-Honig-Sauce

1 Poularde,
2 Eßlöffel Honig,
4 Eßlöffel Öl und Soja-Sauce,
Saft von 3 Orangen,
1 Becher süße Sahne,
10 g Butter oder Margarine,
10 g Mehl, Pfeffer, Salz,
1 ungespritzte Orange

1 Poularde in eine feuerfeste Form legen.

2 Soja-Sauce, Honig, Öl und 1/3 Orangensaft gut verrühren. Die Poularde damit bestreichen und im vorgeheizten Backofen bei 250 Grad ca. 40 Minuten garen.

3 Poularde herausnehmen und warmstellen.

4 Bratenfond mit restlichem Orangensaft, Wasser und Sahne loskochen.

5 Mehl und Butter oder Margarine verkneten.

6 Fond mit Mehlbutter oder -margarine binden und mit Salz und Pfeffer abschmecken.

7 Mit Orangenspalten und Orangenschalenstreifen garniert servieren.

570 kcal
2382 kJ

Gesunde Festessen

Gemüsefondue im Feuertopf

1 großes Suppenhuhn,
1 Tasse japanische Soja-Sauce,
3 Bund Suppengrün,
1 kg Rinderknochen,
4 zerdrückte Knoblauchzehen

1 Das Suppenhuhn mit 3 Liter Wasser, Soja-Sauce und dem geputzten Suppengrün, Rinderknochen und Knoblauchzehen ca. 2 Stunden sacht kochen lassen.

2 Die Brühe abseihen und in einen Feuertopf oder Fonduetopf geben.

3 Auf den Tisch stellen und mit folgenden Zutaten servieren:

448 kcal 1873 kJ

Reiskugeln

2 Ecken Sahne-Schmelzkäse,
2 Eßlöffel gehackte Kräuter,
100 g Krabben,
125 g gegarter Reis,
4 Eßlöffel japanische Soja-Sauce

1 Den Schmelzkäse zerdrücken und mit Kräutern und Krabben vermischen.

2 Die Masse mit Soja-Sauce abschmecken und zu Kugeln formen.

122 kcal 509 kJ

Gefüllte Zucchini oder Gurke

3 kleine Zucchini oder 1 Schlangengurke,
250 g Tartar,
3 Möhren,
1 Stange Porree,
2 Zwiebeln,
200 g Champignons,
2 zerdrückte Knoblauchzehen,
6 Eßlöffel japanische Soja-Sauce

1 Die Zucchini oder Gurke der Länge nach aufschneiden und die weiche Mitte mit einem Löffel ausschaben.

2 Tartarfleisch mit 2 feingehackten Möhren, Porree, Zwiebeln, Champignons und Knoblauch vermischen und mit Soja-Sauce pikant abschmecken.

3 Die Masse in die Zucchini oder Gurke füllen, mit dem zurückgebliebenen Gemüse verzieren und in Stücke schneiden, die in das Körbchen passen.

219 kcal 916 kJ

Gefüllte kleine Zwiebeln

12 kleine Zwiebeln,
2 Tomaten,
250 g Broccoli,
6 Eßlöffel japanische Soja-Sauce,
200 g feine Bratwurstmasse

1 Die Zwiebeln schälen und aushöhlen.

2 Das ausgehöhlte Zwiebelfleisch mit den geschälten Tomaten, dem blanchierten Broccoli und Soja-Sauce im Mixer pürieren, mit der Bratwurstmasse vermischen und in die Zwiebeln füllen.

219 kcal 916 kJ

Gefüllte Tomaten

200 g Schafskäse,
6 Eßlöffel Crème fraîche,
4 Eßlöffel japanische Soja-Sauce,
1 Eßlöffel gehackte Kräuter,
12 kleine Tomaten

1 Schafskäse zerdrücken und mit Crème fraîche, Soja-Sauce und Kräutern vermischen und abschmecken.

2 Einen Deckel von den Tomaten abschneiden, die Früchte aushöhlen und mit der Masse füllen.

280 kcal 1171 kJ

Gefüllte Weinblätter

250 g Kalbfleisch,
1 kleine Dose Maiskörner,
2 Fleischtomaten,
4 Eßlöffel japanische Soja-Sauce,
weißer Pfeffer,
1 Dose Weinblätter
oder zarte blanchierte Wirsingblätter

1 Das Fleisch fein pürieren und mit Maiskörnern, gehäuteten, kleingewürfelten Tomaten, Soja-Sauce und Pfeffer vermischen und abschmecken.

2 Die Blätter auf den Tisch legen, jedes Blatt mit einem Eßlöffel der Masse belegen und fest aufrollen.

172 kcal 719 kJ

Tip

Fondues sind abendfüllende Gesellschaftsessen. Sie eignen sich hervorragend für Partys mit 4-6 Leuten. Zu Ehren des Festes und der Gäste haben wir hier ausnahmsweise auch einmal Gemüsesorten miteinbezogen, die um diese Jahreszeit etwa teuer sein dürften. Für einen Feuer-, und Fonduetopf eignen sich zum Garen der einzelnen Gemüse Sieblöffel, wie ein Körbchen geformt. Man kann sich aber auch mit den Spießen helfen, die zu einem Fondue-Set gehören.

Süße winterliche Köstlichkeiten

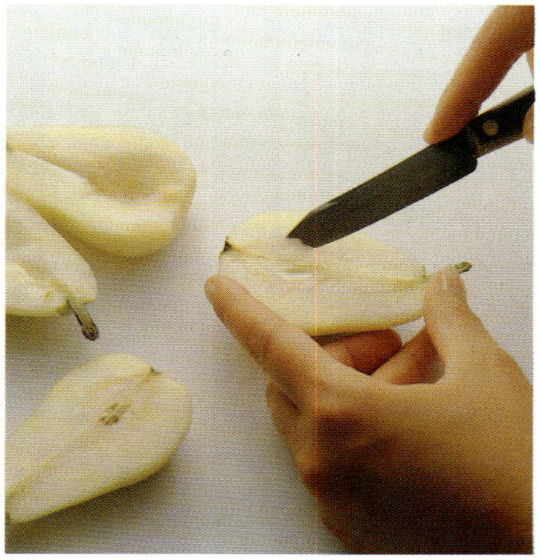

Rotweinbirnen mit Senffrüchten

4 feste Birnen,
3/4 Liter Rotwein,
3 Nelken,
1 Stange Zimt,
Saft und Schale einer ungespritzten Zitrone,
2 Eßlöffel Honig,
1 kleines Glas Senffrüchte

Für den Dip:

200 g Frischkäse,
40 g eingelegter Ingwer (in Sirup),
Pfeffer,
2 cl Cognac oder Weinbrand

1 Die Birnen mit Hilfe eines Sparschälers von der Blüte zum Stiel schälen. Den Stiel dabei nicht abschneiden.

2 Die Birnen der Länge nach durchschneiden, dabei auch den Stiel halbieren. Jeweils eine kleine Kuppe als Standfläche abschneiden.

3 Das Kerngehäuse und die harten Teile mit einem spitzen, scharfen Messer herausschneiden.

4 Rotwein mit den Gewürzen, Zitronensaft und -schale sowie Honig zum Kochen bringen.

5 Die vorbereiteten Birnenhälften hineinlegen und bei geringer Hitze ca. 15 Minuten garen.

6 Die Birnenhälften im Rotwein erkalten lassen. Anschließend herausnehmen und auf einem Küchenkrepp gut abtropfen lassen.

7 Mit kleingeschnittenen Senffrüchten füllen.

8 Für den Dip Frischkäse mit feingewürfeltem, eingelegtem Ingwer, Pfeffer und Cognac oder Weinbrand verrühren und abschmecken.

9 Zusammen mit den gefüllten Rotweinbirnen als Vor-, oder Nachspeise servieren.

338 kcal *1415 kJ*

Mandarinen mit fruchtiger Quarkspeise

4 Mandarinen,
100 g Schichtkäse,
2 Eiweiß,
50 g Fruchtzucker,
30 g gehackte Pistazienkerne,
1/2 Teelöffel Orangenschale

1 Den Mandarinen einen Deckel abschneiden. Fruchtfleisch vorsichtig auslösen und auspressen.

2 Schichtkäse mit ca. 1/2 Tasse Mandarinensaft, Fruchtzucker, gehackten Pistazienkernen und Orangenschale glattrühren.

3 Eiweiß steifschlagen und unterheben.

4 In die Mandarinen füllen, den Deckel aufsetzen und servieren.

157 kcal *657 kJ*

Tip

Den verbliebenen Rotweinsud müssen Sie nicht weggießen. Er bildet eine köstliche Grundlage für einen Punsch oder einen Glühwein.

Knusperlis

100 g Haferflocken,
70 g weiche Butter oder Margarine,
120 g Honig,
1 Ei,
1 Eigelb,
1/4 Teelöffel Muskatnuß,
100 g Rum-Rosinen,
80 g Hirse,
100 g Weizen,
80 g Mandelstifte

1 Die Haferflocken unter Rühren in einer Pfanne goldgelb rösten.

2 Die Butter oder Margarine mit Honig, Ei und Eigelb schaumig rühren. Haferflocken, Muskatnuß und Rum-Rosinen zugeben. Hirse und Weizen mahlen und mit den Mandelstiften unter die Haferflocken-Ei-Masse heben. Den Teig ca. 20 Minuten quellen lassen.

3 Mit zwei Teelöffeln kleine Häufchen auf ein gefettetes Backblech setzen und im vorgeheizten Backofen bei 200 Grad ca. 20 Minuten zu goldgelben Plätzchen abbacken.

2942 kcal *12315 kJ*

Sesam-Plätzchen

100 g Sesam,
175 g Weizenvollkornmehl,
1 Teelöffel Zimt,
1 Prise Nelkenpulver,
Mark einer Vanilleschote,
100 g dickflüssiger Honig,
175 g Butter oder Margarine

Zum Verzieren:
1 Eiweiß, Haselnußkerne

1 Sesam in einer Pfanne unter Rühren goldgelb rösten und abkühlen lassen.

2 Mehl mit Zimt, Nelkenpulver, Vanillemark und Sesam mischen und auf eine Arbeitsfläche geben. Honig darübergießen, und die Butter oder Margarine in Flöckchen darauf verteilen. Zu einem glatten Teig zusammenkneten. In Alufolie verpackt ca. 1 Stunde kaltstellen.

3 Anschließend auf einer bemehlten Arbeitsfläche ca. 1/2 cm dick ausrollen und zu 4 x 4 cm großen Quadraten schneiden. Auf ein gefettetes Backblech legen, mit verquirltem Eiweiß bestreichen, und jeweils eine Haselnuß in die Mitte drücken.

4 Im vorgeheizten Backofen bei 220 Grad ca. 10 Minuten backen. Anschließend auf einem Kuchengitter auskühlen lassen.

4496 kcal *18820 kJ*

Sonnenblumen-Häufchen

250 g Sonnenblumenkerne,
3 Eiweiß, 100 g Honig,
1/2 Teelöffel Zimt,
Mark einer Vanilleschote,
Saft einer Zitrone,
40 g Weizenvollkornmehl

Zum Fetten:
20 g Mehl, 20 g Margarine

1 200 g der Sonnenblumenkerne fein mahlen und die restlichen 50 g hacken.

2 Eiweiß sehr steif schlagen, und den Honig langsam zugießen. Zimt, das ausgeschabte Vanillemark und den Zitronensaft vorsichtig unter die Schaummasse rühren. Das Mehl unterheben.

3 Das Backblech fetten und mit Mehl bestäuben.

4 Mit 2 Teelöffeln kleine Häufchen auf das Blech sezten, diese mit gehackten Sonnenblumenkernen bestreuen und im vorgeheizten Backofen bei 180 Grad ca. 20 Minuten backen.

1731 kcal *7246 kJ*

Vanilleschoten auf ein Brett legen und mit einem spitzen, scharfen Messer der Länge nach aufschneiden.

Das Vanillemark mit Hilfe des Messers oder des Messerrückens herauskratzen. Nach Wunsch die ausgeschabten Vanilleschoten in Milch auskochen.

Kirschtaler

250 g Butter oder Margarine,
200 g brauner Zucker,
1/4 Teelöffel Salz,
1/4 Teelöffel gemahlener Ingwer,
abgeriebene Schale einer unbehandelten Zitrone,
1 Messerspitze Muskatblüte,
1/2 Teelöffel Zimt,
50 g Schokoladenraspel,
200 g Weizenvollkornmehl,
150 g feine Haferflocken,
80 g Kirschkonfitüre

1 Butter oder Margarine mit Zucker, Salz, Ingwer, Zitronenschale, Muskatblüte und Zimt zu einer cremigen Masse verrühren. Schokoladenraspel, Mehl und Haferflocken zugeben und alles zu einem glatten Teig verkneten.

2 2 Rollen von ca. 25-30 cm Länge daraus formen und ca. 1 Stunde kaltstellen.

3 Die Rollen in dünne Scheiben schneiden und auf ein gefettetes Backblech legen (in genügendem Abstand).

4 Jeweils in die Mitte einen Tupfen Kirschkonfitüre setzen, und die Taler im vorgeheizten Backofen bei 200 Grad ca. 8-10 Minuten backen.

4556 kcal *19071 kJ*

Mandel-Sahne-Brezel

375 g Weizenvollkornmehl,
80 g brauner Zucker,
1 Teelöffel Zimt,
125 g saure Sahne,
250 g kalte Butter oder Margarine,
2 Eßlöffel Dosenmilch,
100 g Hagelzucker,
80 g gehackte Mandeln

1 Mehl auf eine Tischplatte sieben, in die Mitte eine Vertiefung drücken, und braunen Zucker und Zimt hineingeben.

2 Mit einem Teil des Mehls zu einem dicken Brei verarbeiten.

3 Kalte Butter oder Margarine in Stücke schneiden, auf den Brei geben, mit Mehl bedecken und von der Mitte aus alle Zutaten schnell zu einem glatten Teig verkneten. Sollte er kleben, stellen Sie ihn eine Weile kalt.

4 Den Teig zu mehreren Rollen (1 cm Durchmesser) formen. Diese in jeweils 12 cm große Stücke schneiden und zur Brezel zusammenlegen.

5 Mit Dosenmilch bestreichen.

6 Hagelzucker mit gehackten Mandeln vermischen, und die Brezel hineindrücken. Auf ein gefettetes Backblech legen und im vorgeheizten Backofen bei 200 Grad ca. 10 Minuten goldgelb backen.

4705 kcal *19695 kJ*

Hefeschnecken

500 g Weizenvollkornmehl,
1 Würfel frische Hefe,
1/8-1/4 Liter lauwarme Milch,
60 g brauner Zucker,
1 Ei,
100 g Butter oder Margarine,
30 g aufgelöste Butter oder Margarine,
50 g Rosinen,
50 g Korinthen,
50 g Honig,
50 g gehackte Mandeln

Für den Guß:

250 g Puderzucker,
Saft einer Zitrone

1 Mehl in eine Schüssel geben und in die Mitte eine Vertiefung drücken. Die Hefe hineinbröseln.

2 Milch über die Hefe gießen, zugedeckt gehen lassen.

3 Butter oder Margarine erwärmen, mit braunem Zucker und Ei zum Mehl geben und alles zu einem glatten Teig verarbeiten. An einem warmen Ort nochmals zugedeckt ca. 20 Minuten gehen lassen.

4 Den Teig nochmals gut durchkneten und zu einem Rechteck von 45 x 35 cm ausrollen.

5 Die Teigplatte mit der aufgelösten Butter oder Margarine bestreichen.

6 Rosinen, Korinthen, Honig und Mandeln verrühren und auf dem Teig verteilen.

7 Von der kurzen Seite her aufrollen und in etwa 1 1/2 cm dicke Scheiben schneiden.

8 Auf ein gefettetes Backblech legen, leicht flachdrücken und ca. 15 Minuten gehen lassen. Im vorgeheizten Backofen bei 200 Grad ca. 20 Minuten goldgelb backen.

9 Für den Guß Puderzucker mit soviel Zitronensaft verrühren, daß eine glatte, dickflüssige Masse entsteht.

10 Die Hefeschnecken damit bestreichen.

5018 kcal *20931 kJ*

Tip

Wer sich das Einfetten sparen will, kann stattdessen Backpapier verwenden.
Dieses ist mit einer Antihaft-Schicht ausgestattet, die das Anbacken verhindert. Das Backpapier kann 2-3 mal verwendet werden, wenn die Backtemperaturen nicht zu hoch sind.

Vorrat für den Winter

Einfrieren

Zum Einfrieren von Früchten und Gemüsen muß die Gefriertruhe einige Stunden auf „Tieffrieren" vorkühlen.

Man verwendet nur einwandfreie Früchte und Gemüse, die gut geputzt, gewaschen, trockengetupft und wenn nötig zerkleinert und blanchiert werden.

Das Gefriergut wird auf einem kleinen Tablett nebeneinanderliegend eingefroren, dann in Gefrierbeutel oder -schalen luftdicht verpackt und im Gefrierschrank aufgewahrt.

Einkochen und Einlegen

Zum Einkochen und Einlegen verwendet man nur einwandfreie Früchte und Gemüse. Das Einkochgut wird sorgfältig geputzt, gewaschen und wenn nötig zerkleinert.

Die zum Einmachen oder Einlegen verwendeten Gläser müssen unbeschädigt sein und gründlich gesäubert werden. Gut eignen sich solche mit Twist-off-Verschluß.

Das Einkochgut wird kochendheiß eingefüllt, die Gläser müssen randvoll sein. Danach werden sie sofort verschlossen und auf den Deckel gestellt. Sollte ein beschädigtes Glas darunter sein, kann man so feststellen, ob das Glas „Luft zieht". Bei unbeschädigten Gläsern entsteht

Frühling

Zum Einfrieren eignen sich:

Zuckererbsen
Spinat (blanchiert)
Spargel (geschält und blanchiert)
Karotten (geschält und gewürfelt)
Stangensellerie (blanchiert und geschnitten)
Erdbeeren
Rhabarber (abgezogen und geschnitten)
Kirschen (entsteint)

Zum Einlegen eignen sich:

sehr kleine Gurken
sehr kleine Zucchini
Perlzwiebeln
grüne Tomaten

Eingelegte Gurken

3/4 kg Gurken,
1/4 kg Perlzwiebeln oder Schalotten,
2 Eßlöffel Salz,
60 g brauner Zucker,
3/4 Liter Rotweinessig,
1 Stück frischer Ingwer in Scheiben,
2 Knoblauchzehen,
2 Eßlöffel Senfkörner,
1 Teelöffel Korianderkörner,
1 Chilischote

1 Gemüse vorbereiten, Zwiebeln abziehen, eventuell vierteln.

2 Gurken in kaltes Wasser legen, Salz dazugeben und über Nacht ziehen lassen.

3 Zwiebeln, Zucker, Essig und 1/4 Liter Wasser zum Kochen bringen.

4 Gurken, Ingwer, abgezogene Knoblauchzehen, Senf- und Korianderkörner und Chilischote in ein entsprechend großes Glas schichten.

5 Soviel kochenden Essigsud auffüllen, daß alles bedeckt ist.

6 Sofort verschließen und vor Verzehr etwa 3 Wochen stehen lassen.

Zum Einkochen eignen sich:

Erdbeer
Rhabarber
Kirschen

Erdbeer-Rhabarber-Marmelade

1/2 kg Erdbeeren,
1/2 kg Rhabarber,
Saft von 2 Orangen,
Mark 1 Vanilleschote,
Gelierzucker

1 Erdbeeren waschen und vom Stiel befreien, Rhabarber abziehen, kleinschneiden.

2 Mit Orangensaft, Vanillemark und der entsprechenden Menge Gelierzucker unter Rühren aufkochen, abschäumen und sofort in Gläser füllen.

Rhabarber-Bananen-Marmelade

1/2 kg Rhabarber,
1/4 kg Kirschen,
1/4 kg Bananen,
1 Teelöffel abgeriebene Schale einer unbehandelten Zitrone,
2 Stück in Sirup eingelegter Ingwer, Gelierzucker

1 Rhabarber und Bananen abziehen, Kirschen entsteinen und mit den übrigen Zutaten Marmelade herstellen.

Rhabarber-Chutney

1/2 kg Rhabarber (abgezogen und in Stücke geschnitten),
100 g abgezogene Mandeln,
2 abgezogene und zerdrückte Knoblauchzehen,
100 g gewaschene Rosinen,
2 Zwiebeln (in Ringe geschnitten),
1/2 Liter Essig,
4 Eßlöffel Zucker,
2 Teelöffel Salz,
2 Teelöffel Pfefferkörner,
2 Teelöffel Senfkörner,
2 Chilischoten

1 Alle Zutaten vermischen und unter Rühren langsam aufkochen.

2 Etwa 15 Minuten kochen lassen, abschäumen und heiß in Gläser füllen.

3 Bis zum Verzehr Gläser etwa 4 Wochen stehen lassen.

Rumtopf aufsetzen

2250 g Früchte,

1250 g Zucker,

3 Flaschen echter Rum

Den Rumtopf zunächst gut reinigen. Die Früchte müssen vollreif, unbeschädigt, gründlich gewaschen und sehr gut abgetrocknet sein. Es ist vorteilhaft, wenn man die Früchte mit der nötigen Zuckermenge über Nacht zugedeckt durchziehen läßt.
Es eignen sich nicht alle Fruchtsorten für einen Rumtopf, doch können Sie sich ungefähr nach der Angabe des folgenden Früchtekalenders richten: Erdbeeren, Stachelbeeren, Aprikosen, Himbeeren, Süßkirschen, Johannisbeeren, Pfirsiche, Nektarinen, Melonen, Mirabellen, Pflaumen, Birnen, Äpfel, Ananas. Die erste Fruchtsorte wird im Verhältnis 1:1 mit Zucker vermischt, in den Rumtopf gegeben und mit soviel Rum begossen, daß die Früchte gut bedeckt sind. Mit jeder weiteren Fruchtzugabe verfährt man genauso, allerdings werden die Früchte nur noch mit der halben Menge Zucker vermischt eingefüllt. Der Rumtopf sollte nun in einem kühlen Raum aufbewahrt und einmal in der Woche mit einem Holzlöffel umgerührt werden.

Tip

Bei Bemessung der Gelierzuckermenge richtet man sich jeweils nach der Angabe auf der Packung.

Sommer

Zum Einfrieren eignen sich:

Blumenkohl (zerteilt und blanchiert)
Bohnen (abgezogen und blanchiert)
Kohlrabi (geschält und in Stifte geschnitten)
Sellerie (geschält und gewürfelt)
Porree (in Ringe geschnitten)
Champignons (geputzt und blanchiert)
Meerrettich (geschält und geraspelt)
Paprika (entkernt und gewürfelt)
Erbsen
Johannisbeeren
Stachelbeeren
Himbeeren
Brombeeren
Walderdbeeren
Heidelbeeren

Zum Einlegen eignen sich:

Reife Gurken
Zucchini
Karotten
Blumenkohl
Bohnen
Zwiebeln
Paprika

Gefüllte Zucchini

6 Zucchini,

4 Tomatenpaprika

(geviertelt und entkernt)

1 Zucchini in vier cm dicke Stücke schneiden und aushöhlen

2 Paprika in entsprechend breite Streifen schneiden, aufrollen und in die Zucchini stecken.

3 Mit kochendem Aufguß s.o. in vorbereitete Gläser füllen und verschließen.

Senfgurken scharf

1/2 kg reife Gurken,

1/2 kg Zucchini,

2 Teelöffel Salz,

2 Chilischoten,

4 Eßlöffel Senfkörner,

Pfefferkörner,

1 Teelöffel Senfpulver,

Aufguß nach Rezept

„Eingelegte Gurken"

im Frühling

1 Gurken schälen, halbieren und mit einem Löffel die Kerne entfernen.

2 Gurken und Zucchini in gleichgroße Stücke schneiden, salzen, mit Chilischoten, Pfefferkörnern, Senfkörnern und -pulver in ein entsprechend großes Glas schichten und mit heißer Marinade übergießen.

Zum Einmachen eignen sich:

Himbeeren
Brombeeren
Heidelbeeren
Preiselbeeren
Johannisbeeren
Aprikosen
Pfirsiche
Tomaten
Äpfel
Zwiebel

beim Abkühlen ein Vakuum, das ein längeres Aufbewahren möglich macht.

Einfrieren und Trocknen

Die zu den jeweiligen Jahreszeiten wachsenden Kräuter werden gesäubert, trockengetupft und in Bündeln einzeln oder als Mischungen eingefroren oder an einem warmen Ort hängend getrocknet.

Bei Gebrauch der eingefrorenen Kräuter wird im tiefgekühlten Zustand einfach die benötigte Menge abgeschnitten und zerdrückt.

Die getrockneten Kräuter rebelt man von den Stengeln und bewahrt sie in Gläsern verschlossen auf.

Vorrat für den Winter

Johannisbeergelee mit Aprikosen-(Pfirsich-) stückchen

3/4 kg Johannisbeeren,
1/2 Liter Rotwein,
abgeriebene Orangenschale,
1/4 kg Aprikosen
(Pfirsiche),
Gelierzucker

1 Johannisbeeren abstreifen, waschen, mit Rotwein aufkochen, durch ein Sieb streichen.

2 Saft auffangen, Kerne und Schalen wegwerfen.

3 Aprikosen (Pfirsiche) heiß überbrühen, abziehen, halbieren, Stein entfernen und Fruchtfleisch in kleine Stücke schneiden.

4 Mit Johannisbeersaft und Gelierzucker aufkochen und abfüllen.

Pflaumenmus

5 kg vollreife Pflaumen,
500 g Zucker,
1/4 Teelöffel Nelkenpulver,
1 Teelöffel Zimt,
1 Teelöffel Zitronenschale

1 Pflaumen gut waschen, abtrocknen, entsteinen und kleinschneiden.

2 Mit Zucker und Gewürzen in eine feuerfeste, breite Schüssel oder einen Topf geben und ca. 15 Minuten in den vorgeheizten Backofen (180 Grad) schieben. Die Ofentür mit einem Holzlöffel einen Spalt breit öffnen.

3 Das Fruchtmus so ca. 3-4 Stunden einkochen und dabei ab und zu durchrühren.

4 Anschließend in Gläser abfüllen und diese gut verschließen.

Apfel-Zwiebel-Chutney

250 g Äpfel
(geschält, geviertelt,
ohne Kerngehäuse),
250 g Zwiebeln
(abgezogen, geviertelt)

Alle übrigen Zutaten und Herstellung nach Rezept: „Rhabarber-Chutney“ im Frühling.

Tomaten-Ketchup

2 kg reife Tomaten,
1 Eßlöffel Salz,
2 große Zwiebeln,
2 Eßlöffel Weinessig,
2 Eßlöffel Rotwein,
100 g brauner Zucker,
1 Eßlöffel Meerrettich,
Ingwer,
Nelken,
Pfeffer

1 Tomaten waschen, Zwiebeln abziehen. Beides in Stücke schneiden.

2 Mit allen übrigen Zutaten kochen, bis die Gemüse weich sind, mit dem Mixstab pürieren und durch ein Sieb streichen, noch einmal bis zum Kochen erhitzen und in Gläser füllen.

Herbst

Zum Einfrieren eignen sich:

Schwarzwurzeln (geschält, in Stücke geschnitten und blanchiert)
Herbstpilze (geputzt und blanchiert)
und alle schon im Sommer vorhandenen Gemüse und Früchte, soweit sie noch angeboten werden.

Zum Einlegen eignen sich:

Weißkohl
Stangenbohnen
Zwetschgen
Birnen
Herbstpilze
Schlehen
Berberitzen
Hagebutten

Sauerkraut (Weißkohl)

6 kg Weißkohl,
100 g Salz

1 Weißkohl putzen und vierteln, Strunk entfernen.

2 Viertel in sehr feine Streifen schneiden oder hobeln.

3 Kohlstreifen lagenweise mit Salz in einem gesäuberten Steintopf so fest einstampfen, daß der Kohl Saft zieht.

4 Kohl mit einem Holzbrett abdecken und mit einem Stein beschweren. Mindestens 4-6 Wochen an einem kühlen Ort zur Vergärung stehenlassen.

Schnippelbohnen

1 1/2 kg junge,

grüne Bohnen,

100 g Salz

1 Gesäuberte und geputzte Stangenbohnen mit einer Bohnenmühle schnippeln oder schräg in sehr feine Scheiben schneiden.

2 Bohnen abwechselnd mit Salz in einen Steintopf schichten und jede Schicht dabei fest in den Topf drücken.

3 Bohnen mit einem Brett abdecken. Das Brett mit einem Stein beschweren. Die Bohnen an einem kühlen Ort 4-6 Wochen gären lassen.

Herbstpilze

1 kg Maronen (Braunkappen),

1/4 Liter Essig,

1 Teelöffel Salz,

4 Lorbeerblätter,

1 Eßlöffel schwarze Pfefferkörner

1 Maronen putzen, waschen, große Pilze in Stücke schneiden.

2 Mit Essig und Salz kochen, bis der Sud verkocht ist.

3 Pilze mit den Gewürzen in ein Glas schichten, mit Öl aufgießen und an einem dunklen, kühlen Ort aufbewahren (ca. 5 Monate haltbar).

Aufgesetzter (Einlegen in Alkohol)

aus Schlehen, Berberitzen oder Hagebutten,

200 g Beeren (verlesen und gewaschen),

150 g brauner Kandis,

2 Nelken, 1/2 Stange Zimt,

1/2 Stange Vanille,

1 Flasche Korn oder Wodka

1 Beeren mit Kandis und Zutaten in eine Flasche füllen und gut verschließen.

Vor Gebrauch etwa 2 Monate durchziehen lassen.

Zum Einmachen eignen sich:

Pflaumen oder Zwetschgen
Ebereschen
Hagebutten
Kürbis
Quitten
sowie alle im Sommer schon vorhandenen Früchte und Gemüse, die auch im Herbst noch angeboten werden.

Ebereschenmarmelade

150 g Ebereschen,

500 g Hagebutten,

200 g Äpfel, 200 g Birnen,

Gelierzucker, Zimt, Anis

1 Ebereschen waschen und abstreifen, Hagebutten waschen und putzen.

2 Mit entsprechender Menge Gelierzucker ansetzen, unter Rühren aufkochen, durch ein feines Sieb streichen, Kerne und Schalen wegwerfen.

3 Äpfel und Birnen schälen, Kerngehäuse entfernen, Früchte in kleine Würfel schneiden, mit Ebereschen-Hagebutten-Mischung, Zimt, Anis und noch einmal der entsprechenden Menge Gelierzucker aufkochen und abfüllen.

Kürbis süß-sauer

(oder Kürbis und Quitten,

Kürbis und Zucchini,

Kürbis und Gemüse-Gurken)

1 kg Kürbiswürfel,

3 große unbehandelte Orangen,

750 g brauner Zucker,

1/2 Liter Obstessig

1 Kürbis in Würfel schneiden.

2 Orangen waschen, eine Orange dünn schälen und in feine Streifen schneiden.

3 Das Fruchtfleisch der übrigen Orangen in Würfel schneiden.

4 Kürbis- und Orangenwürfel, Schalenstreifen, 375 g Zucker und 1/4 Liter Essig zusammen zugedeckt über Nacht ziehen lassen.

5 Den entstandenen Saft in einen Topf gießen, mit restlichem Zucker und Essig erhitzen. Bei geringer Hitze die Flüssigkeit klarkochen.

6 Das Fruchtfleisch hineingeben und weiterkochen, bis es glasig ist. Noch heiß in Gläser füllen und verschließen.

Sauerkraut einlegen

Gesammelt in der Natur

Nach der Zeit des Reifens und Früchtebringens ist der Winter die Ruhepause der Natur, in der man früher von den das Jahr über gesammelten Vorräten leben mußte. Das ist in unserer technologisch perfektionierten Zeit nahezu verlorengegangen, denn alles ist jederzeit zu bekommen. Doch es gibt inzwischen wieder mehr Menschen, die sich die Muße gönnen möchten, dem Rhythmus der Natur zu folgen, auch wenn sich das Klima nicht immer nach unseren Erwartungen richtet, und mancher Winter nur ein verspäteter Herbst zu sein scheint, die ersten Schneefälle im Februar zu erwarten sind, und der kalendarische Frühjahrsanfang in den Winter fällt. Wer sich in dieser Zeit ohne teure Vitaminpräparate oder künstlich gezogenes Gemüse ernähren will, kann seinen Bedarf durch rechtzeitig konservierte Wildbeeren und Gemüse, Sauerkraut, Rote Bete und Nüsse decken.

Schlehen

Im Herbst oder Winter nach dem ersten Frost werden die Schlehen geerntet, die man zu Saft, Gelees und zu „Aufgesetztem" verarbeitet. Die dornigen Schlehenhecken sind an Wald- und Wegesrändern, aber auch gelegentlich in Parks zu finden.
Der Saft wirkt abführend, magenstärkend und blutreinigend.

Wacholder

Der immergrüne Strauch oder Baum ist in Nadelwäldern und auf der Heide zu finden. Seine Beeren sind ein bekanntes Gewürz für Marinaden, Gemüse und Suppen und werden bei der Herstellung von Gin oder Wacholderschnaps verwendet. Die bitter-harzig schmeckenden Beeren können getrocknet genossen werden, sind eine hervorragende Frühjahrskur und wirken harntreibend und schmerzstillend.

Pflanze	Standort	März	April	Mai	Juni	Juli
Berberitze	Wälder, sonnige Hänge					
Birke	Heide, Wälder, mooriger Boden			■	■	
Blaubeeren	Wälder, Moore			■		■
Brennessel	Wälder, Schuttplätze, Wegränder	■	■	■	■	■
Brombeere	Waldränder, Hecken, Böschung					
Brunnenkresse/Kresse	Bäche, Gräben (Zucht)	■	■	■	■	■
Eberesche	Alleen, Waldränder					
Erdbeeren (wilde)	Waldränder, Böschung				■	■
Gänseblümchen	Wiesen	■	■	■	■	■
Giersch	Wegränder	■	■	■	■	■
Gundermann	Brachland, Wiesen	■	■	■	■	■
Hagebutte	Hecken, Böschungen					
Himbeeren	Wälder, Gebüsche					■
Hirtentäschel	Schuttplätze, Äcker, Wiesen		■	■	■	■
Holunder	Wald- und Wegränder				■	
Hopfen	Gebüsche, Wegränder	■	■			
Huflattich	Brachland, Böschungen	■	■	■		
Kapuzinerkresse	Garten, Zäune			■	■	■
Kerbel	Garten, Wiesen		■	■		
Knoblauchrauke	Schuttplätze, Hecken, Wegränder		■	■	■	■
Löwenzahn	Wiesen, Wegränder	■	■			
Minze	Garten, Wegränder, Wiesen	■	■	■	■	■
Melde	Garten, Äcker		■	■	■	
Pimpinelle	Wegränder, Wiesen	■	■	■	■	■
Ringelblume	Garten				■	■
Quendel (wilder Thymian)	Wegränder, steiniger Boden, Wald		■	■	■	■
Sanddorn	Dünen, Gärten, Parks					
Sauerampfer	Wiesen, Sumpf	■	■	■	■	■
Schafgarbe	Wiesen, Wegränder	■	■	■	■	■
Schlehen	Hecken, Waldränder					
Spitz (Breitwegerich)	Wiesen, Ödland	■	■	■		
Taubnessel	Wiesen, Ödland, Wegränder					
Wacholder	Heide, Sandböden					
Waldmeister	lichte Laubwälder		■	■		
Wiesenschaumkraut	feuchte Wiesen	■	■	■		
Ysop	Garten			■	■	■

August	September	Oktober	November	Verwendeter Pflanzenteil	Gesundheitswert
				Beeren (Kompott)	leber- und gallenfreundl. appetitanregend
				Blätter (Salat u. Gemüse)	harntreibend, entwässernd
				Blätter (Salat u. Gemüse) Beeren (Süßspeisen, Saft, Marmelade)	entzündungshemmend, Blutzucker senkend, reich an Vitamin C
				Blätter (Gemüse)	reich an Vitaminen und Mineralien
				Beeren (Süßspeisen, Saft, Marmelade)	magen- und darmfreundlich, Vitamin C
				Blätter (Gemüse u. Salate)	leber- und gallenfreundl. reich an Vitaminen, Mineralstoffen
				Beeren (Gelees, Mus, Chutneys, Saft)	harntreibend, abführend, reich an Vitamin C
				Beeren (Süßspeisen)	reich an Vitamin C, Mineralstoffen, entschlackend, leberfreundlich
				Blätter u. Blütenknospen (Salat u. Gemüse)	stoffwechselanregend, gegen Erkältungskrankheiten
				Blätter (Suppen, Gemüse)	verdauungsfördernd
				Blätter (Gewürz)	reich an Vitamin C, Mineralstoffe, appetitanregend
				Früchte (Mus, Chutneys)	reich an Vitamin C und Mineralstoffen
				Früchte (Eis, Saft, Süßspeisen)	Blutzucker senkend, entwässernd, reich an Vitamin A und C
				Blätter (Gemüse und Salate)	blutstillend, kreislaufstabilisierend
				Blüten (Crêpes)/Beeren (Gewürzkompott, Suppen, Wein)	blutreinigend, gegen Erkältungskrankheiten
				Blätter (Gemüse u. Salate)	natürliches Antibiotikum, nervenberuhigend
				Blätter u. Blüten (Suppen, Gemüse, Salate)	magenfreundlich, entzündungshemmend
				Blüten (Salate)/Früchte (Kapern)	natürliches Antibiotikum
				Blätter (Suppen, Würze)	entzündungshemmend, blutreinigend
				Blätter (Würze)	appetitanregend
				Blätter (Salat u. Gemüse)	wichtige Heil- und Aufbaustoffe auf fast allen Gebieten
				Blätter (Würze)	belebend, gallenfreundlich, entzündungshemmend
				Blätter (Gemüse)	appetitanregend, verdauungsfördernd
				Blätter (Würze, Salat)	verdauungsfördernd, appetitanregend
				Blüte (Würze)	wichtige Heil- und Aufbaustoffe auf fast allen Gebieten
				Blätter, Blüten (Würze)	desinfizierend, magen- und nervenstärkend
				Beeren (Saft, Mus)	reich an Vitaminen und Mineralstoffen
				Blätter (Gemüse, Salate, Suppen)	reich an Vitaminen und Mineralstoffen
				Blätter (Gemüse, Salate, Suppen)	blutreinigend, gegen Gicht und Rheuma
				Beeren (Gelee)	abführend, magenstärkend, blutreinigend
				Blätter (Gemüse, Salate)	entzündungshemmend
				Blätter und Blüten (Gemüse, Salate)	reich an Vitaminen und Mineralstoffen
				Beeren (Würze)	harntreibend, schmerzstillend
				Blätter (Süßspeisen, Bowlen)	harntreibend, blutreinigend
				Blätter, Blüten (Salate)	reich an Vitamin C und Mineralstoffen
				Blätter (Würze)	blutreinigend, verdauungsfördernd

Rezeptregister

M

N

P

Q

R

S

T

V

W

Z

„Die Gesundheit genießt mit"
„Das Auge genießt mit"

Ideen & Rezepte
KÖHNEN
die immer gelingen